TSJETSJEENS
WOORDENSCHAT

I0176442

THEMATISCHE WOORDENLIJST

NEDERLANDS
TSJETSJEENS

De meest bruikbare woorden
Om uw woordenschat uit te breiden en
uw taalvaardigheid aan te scherpen

3000 woorden

Thematische woordenschat Nederlands-Tsjetsjeens - 3000 woorden

Door Andrey Taranov

Woordenlijsten van T&P Books zijn bedoeld om u woorden van een vreemde taal te helpen leren, onthouden, en bestudering. Dit woordenboek is ingedeeld in thema's en behandelt alle belangrijk terreinen van het dagelijkse leven, bedrijven, wetenschap, cultuur, etc.

Het proces van het leren van woorden met behulp van de op thema's gebaseerde aanpak van T&P Books biedt u de volgende voordelen:

- Correct gegroepeerde informatie is bepalend voor succes bij opeenvolgende stadia van het leren van woorden
- De beschikbaarheid van woorden die van dezelfde stam zijn maakt het mogelijk om woordgroepen te onthouden (in plaats van losse woorden)
- Kleine groepen van woorden faciliteren het proces van het aanmaken van associatieve verbindingen, die nodig zijn bij het consolideren van de woordenschat
- Het niveau van talenkennis kan worden ingeschat door het aantal geleerde woorden

Copyright © 2015 T&P Books Publishing

Alle rechten voorbehouden. Niets uit deze uitgave mag worden verveelvoudigd, opgeslagen in een geautomatiseerd gegevensbestand en/of openbaar gemaakt in enige vorm of op enige wijze, hetzij elektronsch, mechanisch, door fotokopieën, opnamen of op enige andere manier zonder voorafgaande schriftelijke toestemming van de uitgever. U mag dit boek niet verspreiden in welk formaat dan ook.

T&P Books Publishing
www.tpbooks.com

ISBN: 978-1-78492-398-3

Dit boek is ook beschikbaar in e-boek formaat.
Gelieve www.tpbooks.com te bezoeken of de belangrijkste online boekwinkels.

TSJETSJEENSE WOORDENSCHAT
nieuwe woorden leren

T&P Books woordenlijsten zijn bedoeld om u te helpen vreemde woorden te leren, te onthouden, en te bestuderen. De woordenschat bevat meer dan 3000 veel gebruikte woorden die thematisch geordend zijn.

- De woordenlijst bevat de meest gebruikte woorden
- Aanbevolen als aanvulling bij welke taalcursus dan ook
- Voldoet aan de behoeften van de beginnende en gevorderde student in vreemde talen
- Geschikt voor dagelijks gebruik, bestudering en zelftestactiviteiten
- Maakt het mogelijk om uw woordenschat te evalueren

Bijzondere kenmerken van de woordenschat

- De woorden zijn gerangschikt naar hun betekenis, niet volgens alfabet
- De woorden worden weergegeven in drie kolommen om bestudering en zelftesten te vergemakkelijken
- Woorden in groepen worden verdeeld in kleine blokken om het leerproces te vergemakkelijken
- De woordenschat biedt een handige en eenvoudige beschrijving van elk buitenlands woord

De woordenschat bevat 101 onderwerpen zoals:

Basisconcepten, getallen, kleuren, maanden, seizoenen, meeteenheden, kleding en accessoires, eten & voeding, restaurant, familieleden, verwanten, karakter, gevoelens, emoties, ziekten, stad, dorp, bezienswaardigheden, winkelen, geld, huis, thuis, kantoor, werken op kantoor, import & export, marketing, werk zoeken, sport, onderwijs, computer, internet, gereedschap, natuur, landen, nationaliteiten en meer ...

INHOUDSOPGAVE

UITSPRAAKGIDS

Letter	Tsjetsjeens voorbeeld	T&P fonetisch alfabet	Nederlands voorbeeld
А а	самадала	[ɑ:]	maart
Аь аь	аьртадала	[æ:], [æ]	Nederlands Nedersaksisch - dät, Engels - cat
Б б	биллиард	[b]	hebben
В в	ловзо кехат	[v]	beloven, schrijven
Г г	горгал	[g]	goal, tango
ГӀ гӀ	жиргӏа	[ɣ]	Nederlands in Nederland - gaat, negen
Д д	дӏаала	[d]	Dank u, honderd
Е е	кевнахо	[e], [ɛ]	excuseren, hebben
Ё ё	боксёр	[jɔ:], [з:]	yoga, Joods
Ж ж	мужалтах	[ʒ]	journalist, rouge
З з	ловза	[z]	zeven, zesde
И и	сирла	[ı], [i]	iemand, bidden
Й й	лийча	[j]	New York, januari
К к	секунд	[k]	kennen, kleur
Кх кх	кхиорхо	[q]	kennen, kleur
Къ къ	юккъе	[q]	gespannen [q]
КӀ кӀ	кӏайн	[k]	gespannen [k]
Л л	лаьстиг	[l]	delen, luchter
М м	Марша Ӏайла	[m]	morgen, etmaal
Н н	Хьанна?	[n]	nemen, zonder
О о	модельхо	[o], [ɔ]	overeenkomst, bot
Оь оь	пхоьлгӏа	[ø]	neus, beu
П п	пхийтта	[p]	parallel, koper
ПӀ пӀ	пӏераска	[p]	gespannen [p]
Р р	борзанан	[r]	roepen, breken
С с	сандалеш	[s]	spreken, kosten
Т т	туьйдарг	[t]	tomaat, taart
ТӀ тӀ	тӏормиг	[t]	gespannen [t]
У у	тукар	[u:]	fuut, uur
Уь уь	уьш	[y]	fuut, uur
Ф ф	футбол	[f]	feestdag, informeren
Х х	хьехархо	[ħ]	hitte, hypnose
Хь хь	дагахь	[ħ], [x]	zoals in het Schotse 'loch'
ХӀ хӀ	хӏордахо	[h]	het, herhalen
Ц ц	мацахлера	[ts]	niets, plaats
ЦӀ цӀ	цӏубдар	[ts]	gespannen [ts]
Ч ч	лечкъо	[tʃ]	Tsjechië, cello
ЧӀ чӀ	чӏорӏа	[tʃ]	gespannen [tch]
Ш ш	шахматаш	[ʃ]	shampoo, machine

Letter	Tsjetsjeens voorbeeld	T&P fonetisch alfabet	Nederlands voorbeeld
Щ щ	цергийг щётка	[ɕ]	Chicago, jasje
ъ	къонза	[ʰ]	harde teken - duidt aan dat de voorafgaande medeklinker hard wordt uitgesproken
ы	лыжаш хехка	[ɪ]	iemand, die
ь	доьзал	[ʲ]	zachte teken - duidt aan dat de voorafgaande medeklinker zacht wordt uitgesproken
Э э	эшар	[e]	delen, spreken
Ю ю	юхадала	[y]	fuut, uur
Юь юь	юьхьенца	[juː], [ju]	jullie, aquarium
Я я	цӏанъян	[jɑ]	januari, jaar
Яь яь	яьшка	[jæ]	gedetailleerd
Ӏ Ӏ	Ӏамо	[ə]	formule, wachten

AFKORTINGEN
gebruikt in de woordenschat

Nederlandse afkortingen

mann.	-	mannelijk
vrouw.	-	vrouwelijk
mv.	-	meervoud
on.ww.	-	onovergankelijk werkwoord
ov.ww.	-	overgankelijk werkwoord
bn	-	bijvoeglijk naamwoord
bw	-	bijwoord
abn	-	als bijvoeglijk naamwoord
bijv.	-	bijvoorbeeld
enz.	-	enzovoort
wisk.	-	wiskunde
enk.	-	enkelvoud
ov.	-	over
mil.	-	militair
vn	-	voornaamwoord
telb.	-	telbaar
form.	-	formele taal
ontelb.	-	ontelbaar
inform.	-	informele taal
vw	-	voegwoord
vz	-	voorzetsel
ww	-	werkwoord

Nederlandse artikelen

de	-	gemeenschappelijk geslacht
het	-	onzijdig
de/het	-	onzijdig, gemeenschappelijk geslacht

BASISBEGRIPPEN

1. Voornaamwoorden

ik	со	[sɔ]
jij, je	хьо	[hɔ]
hij, zij, het	иза	[iza]
wij, we	вай	[vɑj]
jullie	шу	[ʃu]
zij, ze	уьш	[yʃ]

2. Begroetingen. Begroetingen

Hallo! Dag!	Маршалла ду хьоьга!	[marʃɑl:ɑ du høgɑ]
Hallo!	Маршалла ду шуьга	[marʃɑl:ɑ du ʃygɑ]
Goedemorgen!	Iуьйре дика хуьлда!	[əujre dikɑ hylda]
Goedemiddag!	Де дика хуьлда!	[de dikɑ hylda]
Goedenavond!	Суьйре дика хуьлда!	[syjre dikɑ hylda]
gedag zeggen (groeten)	салам дала	[salam dala]
Hoi!	Маршалла ду хьоьга!	[marʃɑl:ɑ du høgɑ]
groeten (het)	маршалла, маршалла хаттар	[marʃɑl:ɑ, marʃɑl:ɑ hat:ar]
verwelkomen (ww)	маршалла хатта	[marʃɑl:ɑ hat:ɑ]
Hoe gaat het?	Муха ду гӀуллакхш?	[muha du ɣul:ɑqʃ]
Is er nog nieuws?	ХӀун ду керла?	[hun du kerlɑ]
Dag! Tot ziens!	Марша Ӏайла	[marʃɑ əɑjlɑ]
Tot snel! Tot ziens!	Ӏодика хуьлда!	[əɔdikɑ huʌdɑ]
Vaarwel! (inform.)	Ӏодика йойла хьа!	[əɔdikɑ jojlɑ hɑ]
Vaarwel! (form.)	Ӏодика йойла шунна!	[əɔdikɑ jojlɑ ʃuŋɑ]
afscheid nemen (ww)	Ӏодика ян	[əɔdikɑ jan]
Tot kijk!	Ӏодика йойла!	[əɔdikɑ jojlɑ]
Dank u!	Баркалла!	[barkɑl:ɑ]
Dank u wel!	Доаккха баркалла!	[dɔak:ɑ barkɑl:ɑ]
Graag gedaan	ХӀума дац!	[huma dats]
Geen dank!	ХӀума дац!	[huma dats]
Geen moeite.	ХӀума дац!	[huma dats]
Excuseer me, ... (inform.)	Бехк ма билл!	[behk ma bil:]
Excuseer me, ... (form.)	Бехк ма биллалаш!	[behk ma bil:alaʃ]
excuseren (verontschuldigen)	бехк ца билла	[behk tsa bil:ɑ]
zich verontschuldigen	бехк цабиллар деха	[behk tsabil:ar deha]
Mijn excuses.	Суна бехк ма биллалаш!	[suna behk ma bil:alaʃ]
Het spijt me!	Бехк ма биллаш!	[behk ma bil:aʃ]

vergeven (ww)	бехк цабиллар	[behk tsabil:ar]
Vergeet het niet!	Диц ма ло!	[dits ma lɔ]
Natuurlijk!	Дера!	[dera]
Natuurlijk niet!	Дера дац!	[dera dats]
Akkoord!	Реза ву!	[reza vu]
Zo is het genoeg!	Тоьур ду!	[tøur du]

3. Vragen

Wie?	Мила?	[mila]
Wat?	ХІун?	[hun]
Waar?	Мичахь?	[mitʃah]
Waarheen?	Мича?	[mitʃa]
Waar ... vandaan?	Мичара?	[mitʃara]
Wanneer?	Маца?	[matsa]
Waarom?	Стенна?	[steŋa]
Waarom?	ХІунда?	[hunda]
Waarvoor dan ook?	Стенан?	[stenan]
Hoe?	Муха?	[muha]
Wat voor ...?	Муьлха?	[mylha]
Welk?	МасалгІа?	[masalɣa]
Aan wie?	Хьанна?	[haŋa]
Over wie?	Хьанах лаьцна?	[hanah lætsna]
Waarover?	Стенах лаьцна?	[stenah lætsna]
Met wie?	Хьаьнца?	[hæntsa]
Hoeveel? (telb.)	Маса?	[masa]
Van wie? (mann.)	Хьенан?	[henan]

4. Voorzetsels

met (bijv. ~ beleg)	цхьан	[tshan]
zonder (~ accent)	доцуш	[dɔtsuʃ]
naar (in de richting van)	чу	[tʃu]
voor (in tijd)	хьалха	[halha]
voor (aan de voorkant)	хьалха	[halha]
onder (lager dan)	кІел	[k:el]
boven (hoger dan)	тІехула	[thehula]
op (bovenop)	тІехь	[theh]
over (bijv. ~ een uur)	даьлча	[dæltʃa]
over (over de bovenkant)	хула	[hula]

5. Functiewoorden. Bijwoorden. Deel 1

Waar?	Мичахь?	[mitʃah]
hier (bw)	хьоккхузахь	[hɔk:uzah]

daar (bw)	цигахь	[tsigah]
ergens (bw)	цхьанхьа-м	[tshanha m]
nergens (bw)	цхьаннахьа а	[tshaŋaha a]
bij ... (in de buurt)	уллехь	[ul:eh]
bij het raam	кора уллехь	[kɔra ul:eh]
Waarheen?	Мича?	[mitʃa]
hierheen (bw)	кхузахь	[quzah]
daarheen (bw)	цига	[tsiga]
hiervandaan (bw)	хlоккхузара	[hɔk:uzara]
daarvandaan (bw)	цигара	[tsigara]
dichtbij (bw)	герга	[gerga]
ver (bw)	гена	[gena]
in de buurt (van ...)	улло	[ul:ɔ]
vlakbij (bw)	юххе	[juhe]
niet ver (bw)	гена доцу	[gena dɔtsu]
linker (bn)	аьрру	[ær:u]
links (bw)	аьрру аrlopхьара	[ær:u aɣɔrhara]
linksaf, naar links (bw)	аьрру аrlop	[ær:u aɣɔr]
rechter (bn)	аьтту	[æt:u]
rechts (bw)	аьтту аrlopхьара	[æt:u aɣɔrhara]
rechtsaf, naar rechts (bw)	аьтту аrlop	[æt:u aɣɔr]
vooraan (bw)	хьалха	[halha]
voorste (bn)	хьалхара	[halhara]
vooruit (bw)	хьалха	[halha]
achter (bw)	тlexьа	[theha]
van achteren (bw)	тlаьхьа	[thæha]
achteruit (naar achteren)	юхо	[juho]
midden (het)	юкъ	[juqh]
in het midden (bw)	юккъе	[jukqhe]
opzij (bw)	аrlop	[aɣɔr]
overal (bw)	массанхьа	[mas:anha]
omheen (bw)	гонаха	[gɔnaha]
binnenuit (bw)	чухула	[tʃuhula]
naar ergens (bw)	цхьанхьа	[tshanha]
rechtdoor (bw)	нийсса дlа	[ni:s:a dəa]
terug (bijv. ~ komen)	юха	[juha]
ergens vandaan (bw)	миччара а	[mitʃara a]
ergens vandaan	цхьанхьара	[tshanhara]
(en dit geld moet ~ komen)		
ten eerste (bw)	цкъа-делахь	[tsqha delah]
ten tweede (bw)	шолгlа-делахь	[ʃɔlɣa delah]
ten derde (bw)	кхоалгlа-делахь	[qoalɣa delah]
plotseling (bw)	цlеххьана	[tshehana]

in het begin (bw)	юьхьенца	[juhentsa]
voor de eerste keer (bw)	дуьххьара	[dyhara]
lang voor ... (bw)	хьалххе	[halhe]
opnieuw (bw)	юха	[juha]
voor eeuwig (bw)	гуттаренна	[gut:areŋa]

nooit (bw)	цкъа а	[tsqha a]
weer (bw)	кхин цкъа а	[qin tsqha a]
nu (bw)	хӀинца	[hintsa]
vaak (bw)	кест-кеста	[kest kesta]
toen (bw)	хӀетахь	[hetah]
urgent (bw)	чехка	[tʃehka]
meestal (bw)	нехан санна	[nehan saŋa]

trouwens, ... (tussen haakjes)	шен метта	[ʃen met:a]
mogelijk (bw)	тарлун ду	[tarlun du]
waarschijnlijk (bw)	хила мегаш хила	[hila megaʃ hila]
misschien (bw)	хила мега	[hila mega]
trouwens (bw)	цул совнаха, ...	[tsul sɔvnaha]
daarom ...	цундела	[tsundela]
in weerwil van ...	делахь а ...	[delah a]
dankzij ...	бахьана долуш ...	[bahana dɔluʃ]

wat (vn)	хӀун	[hun]
dat (vw)	а	[a]
iets (vn)	цхьаъ-м	[tsha m]
iets	цхьа хӀума	[tsha huma]
niets (vn)	хӀумма а дац	[hum:a a dats]

wie (~ is daar?)	мила	[mila]
iemand (een onbekende)	цхьаъ	[tsha]
iemand (een bepaald persoon)	цхьаъ	[tsha]

niemand (vn)	цхьа а	[tsha a]
nergens (bw)	цхьанххьа а	[tshanha a]
niemands (bn)	цхьаьннан а	[tshæŋan a]
iemands (bn)	цхьаьннан	[tshæŋan]

zo (Ik ben ~ blij)	иштта	[iʃt:a]
ook (evenals)	санна	[saŋa]
alsook (eveneens)	а	[a]

6. Functiewoorden. Bijwoorden. Deel 2

Waarom?	ХӀунда?	[hunda]
om een bepaalde reden	цхьанна-м	[tshaŋa m]
omdat ...	цундела	[tsundela]
voor een bepaald doel	цхьана хӀуманна	[tshana humaŋa]

en (vw)	а-а	[a a]
of (vw)	я	[ja]
maar (vw)	амма	[am:a]

te (~ veel mensen)	дукха	[duqa]
alleen (bw)	бен	[ben]
precies (bw)	нийсса	[ni:s:a]
ongeveer (~ 10 kg)	герга	[gerga]

omstreeks (bw)	герггарчу хьесапехь	[gerg:artʃu hesapeh]
bij benadering (bn)	герггарчу хьесапера	[gerg:artʃu hesapera]
bijna (bw)	геррга	[gerg:a]
rest (de)	бухадиснарг	[buhadisnarg]

elk (bn)	хlоп	[hɔr]
om het even welk	муьлхха а	[mylha a]
veel (grote hoeveelheid)	дукха	[duqa]
veel mensen	дуккха а	[duk:a a]
iedereen (alle personen)	дерриг	[der:ig]

in ruil voor ...	цхьана ... хийцина	[tshana hi:tsina]
in ruil (bw)	метта	[met:a]
met de hand (bw)	куьйга	[kyjga]
onwaarschijnlijk (bw)	те	[te]

waarschijnlijk (bw)	схьахетарехь	[shahetareh]
met opzet (bw)	хуъушехь	[hyuʃeh]
toevallig (bw)	ларамаза	[laramaza]

zeer (bw)	чloarla	[tʃhɔaɣa]
bijvoorbeeld (bw)	масала	[masala]
tussen (~ twee steden)	юккъехь	[jukqheh]
tussen (te midden van)	юккъехь	[jukqheh]
vooral (bw)	къасттина	[qhast:ina]

GETALLEN. DIVERSEN

7. Kardinale getallen. Deel 1

nul	ноль	[nɔʌ]
een	цхьаъ	[tsha]
twee	шиъ	[ʃi]
drie	кхоъ	[qɔ]
vier	диъ	[di]
vijf	пхиъ	[phi]
zes	ялх	[jalh]
zeven	ворхl	[vɔrh]
acht	бархl	[barh]
negen	исс	[is:]
tien	итт	[it:]
elf	цхьайтта	[tshajt:a]
twaalf	шийтта	[ʃi:t:a]
dertien	кхойтта	[qɔjt:a]
veertien	дейтта	[dejt:a]
vijftien	пхийтта	[phi:t:a]
zestien	ялхитта	[jalhit:a]
zeventien	Вуьрхlитта	[vyrhit:a]
achttien	берхlитта	[berhit:a]
negentien	ткъесна	[tqhesna]
twintig	ткъа	[tqha]
eenentwintig	ткъе цхьаъ	[tqhe tsha]
tweeëntwintig	ткъе шиъ	[tqhe ʃi]
drieëntwintig	ткъе кхоъ	[tqhe qɔ]
dertig	ткъе итт	[tqhe it:]
eenendertig	ткхе цхьайтта	[tqe tshajt:a]
tweeëndertig	ткъе шийтта	[tqhe ʃi:t:a]
drieëndertig	ткъе кхойтта	[tqhe qɔjt:a]
veertig	шовзткъа	[ʃɔvztqha]
eenenveertig	шовзткъе цхьаъ	[ʃɔvztqhe tsha]
tweeënveertig	шовзткъе шиъ	[ʃɔvztqhe ʃi]
drieënveertig	шовзткъе кхоъ	[ʃɔvztqhe qɔ]
vijftig	шовзткъе итт	[ʃɔvztqhe it:]
eenenvijftig	шовзткъе цхьайтта	[ʃɔvztqhe tshajt:a]
tweeënvijftig	шовзткъе шийтта	[ʃɔvztqhe ʃi:t:a]
drieënvijftig	шовзткъе кхойтта	[ʃɔvztqhe qɔjt:a]
zestig	кхузткъа	[quztqha]
eenenzestig	кхузткъе цхьаъ	[quztqhe tsha]

tweeënzestig	кхузткъе шиъ	[quztqhe ʃi]
drieënzestig	кхузткъе кхоъ	[quztqhe qɔ]
zeventig	кхузткъа итт	[quztqha it:]
eenenzeventig	кхузткъе цхьайтта	[quztqhe tshajt:a]
tweeënzeventig	кхузткъе шийтта	[quztqhe ʃi:t:a]
drieënzeventig	кхузткъе кхойтта	[quztqhe qɔjt:a]
tachtig	дезткъа	[deztqha]
eenentachtig	дезткъе цхьаъ	[deztqhe tsha]
tweeëntachtig	дезткъе шиъ	[deztqhe ʃi]
drieëntachtig	дезткъе кхоъ	[deztqhe qɔ]
negentig	дезткъа итт	[deztqha it:]
eenennegentig	дезткъе цхьайтта	[deztqhe tshajt:a]
tweeënnegentig	дезткъе шийтта	[deztqhe ʃi:t:a]
drieënnegentig	дезткъе кхойтта	[deztqhe qɔjt:a]

8. Kardinale getallen. Deel 2

honderd	бle	[bəe]
tweehonderd	ши бle	[ʃi bəe]
driehonderd	кхо бle	[qɔ bəe]
vierhonderd	диъ бle	[di bəe]
vijfhonderd	пхи бle	[phi bəe]
zeshonderd	ялх бle	[jalh bəe]
zevenhonderd	ворхl бle	[vɔrh bəe]
achthonderd	бархl бle	[barh bəe]
negenhonderd	исс бle	[is: bəe]
duizend	эзар	[ɛzar]
tweeduizend	ши эзар	[ʃi ɛzar]
drieduizend	кхо эзар	[qɔ ɛzar]
tienduizend	итт эзар	[it: ɛzar]
honderdduizend	бle эзар	[bəe ɛzar]
miljoen (het)	миллион	[mil:ion]
miljard (het)	миллиард	[mil:iard]

9. Ordinale getallen

eerste (bn)	хьалхара	[halhara]
tweede (bn)	шолгlа	[ʃɔlɣa]
derde (bn)	кхоалгlа	[qɔalɣa]
vierde (bn)	доьалгlа	[døalɣa]
vijfde (bn)	пхоьлгlа	[phølɣa]
zesde (bn)	йолхалгlа	[jolhalɣa]
zevende (bn)	ворхlалгlа	[vɔrhalɣa]
achtste (bn)	бархlалгlа	[barhalɣa]
negende (bn)	уьссалгlа	[ys:alɣa]
tiende (bn)	итталгlа	[it:alɣa]

KLEUREN. MEETEENHEDEN

10. Kleuren

kleur (de)	бос	[bɔs]
tint (de)	амат	[amat]
kleurnuance (de)	бос	[bɔs]
regenboog (de)	стелалад	[stelaəad]
wit (bn)	клайн	[k:ɑjn]
zwart (bn)	lаьржа	[əærʒa]
grijs (bn)	сира	[sira]
groen (bn)	баьццара	[bæʦara]
geel (bn)	можа	[mɔʒa]
rood (bn)	ціен	[ʦhen]
blauw (bn)	сийна	[si:na]
lichtblauw (bn)	сийна	[si:na]
roze (bn)	сирла-ціен	[sirla ʦhen]
oranje (bn)	цІехо-можа	[ʦheho mɔʒa]
violet (bn)	цІехо-сийна	[ʦheho si:na]
bruin (bn)	боьмаша	[bømaʃa]
goud (bn)	дашо	[daʃɔ]
zilverkleurig (bn)	детиха	[detiha]
beige (bn)	бежеви	[beʒewi]
roomkleurig (bn)	беда-можа	[beda mɔʒa]
turkoois (bn)	бирюзан бос	[biryzan bɔs]
kersrood (bn)	баьллийн бос	[bæl:i:n bɔs]
lila (bn)	сирла-сийна	[sirla si:na]
karmijnrood (bn)	камарийн бос	[kamari:n bɔs]
licht (bn)	сирла	[sirla]
donker (bn)	lаьржа	[əærʒa]
fel (bn)	къегина	[qhegina]
kleur-, kleurig (bn)	бесара	[besara]
kleuren- (abn)	бос болу	[bɔs bɔlu]
zwart-wit (bn)	клайн-lаьржа	[k:ɑjn əærʒa]
eenkleurig (bn)	цхьана бесара	[ʦhana besara]
veelkleurig (bn)	бес-бесара	[bes besara]

11. Meeteenheden

gewicht (het)	дозалла	[dɔzal:a]
lengte (de)	йохалла	[johal:a]

breedte (de)	шоралла	[ʃoral:a]
hoogte (de)	лакхалла	[laqal:a]
diepte (de)	кӀоргалла	[k:ɔrgal:a]
volume (het)	дукхалла	[duqal:a]
oppervlakte (de)	майда	[majda]

gram (het)	грамм	[gram:]
milligram (het)	миллиграмм	[mil:igram:]
kilogram (het)	килограмм	[kilɔgram:]
ton (duizend kilo)	тонна	[tɔŋa]
pond (het)	герка	[gerka]
ons (het)	унци	[untsi]

meter (de)	метр	[metr]
millimeter (de)	миллиметр	[mil:imetr]
centimeter (de)	сантиметр	[santimetr]
kilometer (de)	километр	[kilɔmetr]
mijl (de)	миля	[miʎa]

duim (de)	дюйм	[dyjm]
voet (de)	фут	[fut]
yard (de)	ярд	[jard]

| vierkante meter (de) | квадратни метр | [kvadratni metr] |
| hectare (de) | гектар | [gektar] |

liter (de)	литр	[litr]
graad (de)	градус	[gradus]
volt (de)	вольт	[vɔʎt]
ampère (de)	ампер	[amper]
paardenkracht (de)	говран ницкъ	[gɔvran nitsqh]

hoeveelheid (de)	дукхалла	[duqal:a]
een beetje ...	кӀезиг	[k:ezig]
helft (de)	ах	[ah]
dozijn (het)	цӀов	[tshɔv]
stuk (het)	цхьаъ	[tsha]

| afmeting (de) | барам | [baram] |
| schaal (bijv. ~ van 1 op 50) | масштаб | [masʃtab] |

minimaal (bn)	уггар кӀезиг	[ug:ar k:ezig]
minste (bn)	уггара кӀезигаха долу	[ug:ara k:ezigaha dɔlu]
medium (bn)	юккъера	[jukqhera]
maximaal (bn)	уггар дукха	[ug:ar duqa]
grootste (bn)	уггара дукхаха долу	[ug:ara duqaha dɔlu]

12. Containers

glazen pot (de)	банка	[baŋka]
blik (conserven~)	банка	[baŋka]
emmer (de)	ведар	[wedar]
ton (bijv. regenton)	боьшка	[bøʃka]
ronde waterbak (de)	тас	[tas]

tank (bijv. watertank-70-ltr)	бак	[bɑk]
heupfles (de)	фляжк	[fʌaʒk]
jerrycan (de)	канистр	[kɑnistr]
tank (bijv. ketelwagen)	цистерна	[ʦisternɑ]
beker (de)	кружка	[kruʒkɑ]
kopje (het)	кад	[kɑd]
schoteltje (het)	бошхап	[bɔʃhɑp]
glas (het)	стака	[stɑkɑ]
wijnglas (het)	кад	[kɑd]
steelpan (de)	яй	[jɑj]
fles (de)	шиша	[ʃiʃɑ]
flessenhals (de)	бертиг	[bertig]
karaf (de)	сурийла	[suri:lɑ]
kruik (de)	кӀудал	[k:udɑl]
vat (het)	пхьерӀа	[pheɣɑ]
pot (de)	кхаба	[qɑbɑ]
vaas (de)	ваза	[vɑzɑ]
flacon (de)	флакон	[flɑkɔn]
flesje (het)	шиша	[ʃiʃɑ]
tube (bijv. ~ tandpasta)	тюбик	[tybik]
zak (bijv. ~ aardappelen)	гали	[gɑli]
tasje (het)	пакет	[pɑket]
pakje (~ sigaretten, enz.)	ботт	[bɔt:]
doos (de)	гӀутакх	[ɣutɑq]
kist (de)	яьшка	[jɑʃkɑ]
mand (de)	тускар	[tuskɑr]

BELANGRIJKSTE WERKWOORDEN

13. De belangrijkste werkwoorden. Deel 1

aanbevelen (ww)	мага дан	[maga dan]
aandringen (ww)	тӏера ца вала	[thera tsa vala]
aankomen (per auto, enz.)	дан	[dan]
aanraken (ww)	куьг тоха	[kyg tɔha]
adviseren (ww)	хьехам бан	[heham ban]
afdalen (on.ww.)	охьадан	[ɔhadan]
afslaan (naar rechts ~)	дӏадерза	[dəaderza]
antwoorden (ww)	жоп дала	[ʒɔp dala]
bang zijn (ww)	кхера	[qera]
bedreigen (bijv. met een pistool)	кхерам тийса	[qeram ti:sa]
bedriegen (ww)	ӏехо	[əeho]
beëindigen (ww)	чекхдаккха	[tʃeqdak:a]
beginnen (ww)	доло	[dɔlɔ]
begrijpen (ww)	кхета	[qeta]
beheren (managen)	куьйгалл3 дан	[kyjgal:z dan]
beledigen (met scheldwoorden)	сий дайа	[si: daja]
beloven (ww)	валда дан	[vaəda dan]
bereiden (koken)	кечдан	[ketʃdan]
bespreken (spreken over)	дийцаре дилла	[di:tsare dil:a]
bestellen (eten ~)	заказ ян	[zakaz jan]
bestraffen (een stout kind ~)	тaӏзар дан	[taəzar dan]
betalen (ww)	ахча дала	[ahtʃa dala]
betekenen (beduiden)	маьлна хила	[mæəna hila]
betreuren (ww)	дагахьбаллам хила	[dagahbal:am hila]
bevallen (prettig vinden)	хазахета	[hazaheta]
bevelen (mil.)	омра дан	[ɔmra dan]
bevrijden (stad, enz.)	мукъадаккха	[muqhadak:a]
bewaren (ww)	лардан	[lardan]
bezitten (ww)	хила	[hila]
bidden (praten met God)	ламаз дан	[lamaz dan]
binnengaan (een kamer ~)	чудахар	[tʃudahar]
breken (ww)	кегдан	[kegdan]
controleren (ww)	тӏехьажа	[thehaʒa]
creëren (ww)	кхолла	[qɔl:a]
deelnemen (ww)	дакъа лаца	[daqha latsa]
denken (ww)	ойла ян	[ɔjla jan]
doden (ww)	ден	[den]

| doen (ww) | дан | [dan] |
| dorst hebben (ww) | мала лаа | [mala la:] |

14. De belangrijkste werkwoorden. Deel 2

een hint geven	къедо	[qhedɔ]
eisen (met klem vragen)	тӀедожо	[thedɔʒɔ]
existeren (bestaan)	хила	[hila]
gaan (te voet)	даха	[daha]

gaan zitten (ww)	охьахаа	[ɔhaha:]
gaan zwemmen	лийча	[li:ʧa]
geven (ww)	дала	[dala]
glimlachen (ww)	дела къежа	[dela qheʒa]
goed raden (ww)	хаа	[ha:]

| grappen maken (ww) | забарш ян | [zabarʃ jan] |
| graven (ww) | ахка | [ahka] |

hebben (ww)	хила	[hila]
helpen (ww)	гӀо дан	[ɣɔ dan]
herhalen (opnieuw zeggen)	юхаала	[juha:la]
honger hebben (ww)	хӀума яаа лаа	[huma ja:: la:]
hopen (ww)	догдаха	[dɔgdaha]
horen (waarnemen met het oor)	хаза	[haza]
huilen (wenen)	делха	[delha]
huren (huis, kamer)	лаца	[latsa]
informeren (informatie geven)	информаци ян, хаам бан	[informatsi jan], [ha:m ban]

instemmen (akkoord gaan)	реза хила	[reza hila]
jagen (ww)	талла эха	[tal:a ɛha]
kennen (kennis hebben van iemand)	довза	[dɔvza]
kiezen (ww)	харжар	[harʒar]
klagen (ww)	латкъа	[latqha]

kosten (ww)	деха	[deha]
kunnen (ww)	мага	[maga]
lachen (ww)	дела	[dela]
laten vallen (ww)	охьаэго	[ɔhaəgɔ]
lezen (ww)	еша	[eʃa]

liefhebben (ww)	деза	[deza]
lunchen (ww)	делкъана хӀума яа	[delqhana huma ja:]
nemen (ww)	схьаэца	[shaətsa]
nodig zijn (ww)	оьшуш хила	[øʃuʃ hila]

15. De belangrijkste werkwoorden. Deel 3

| onderschatten (ww) | ма-дарра ца лара | [ma dar:a tsa lara] |
| ondertekenen (ww) | куьг тӀо | [kyg taəo] |

ontbijten (ww)	марта даа	[marta da:]
openen (ww)	схьаделла	[shadel:a]
ophouden (ww)	дӀасацо	[dəasatsɔ]
opmerken (zien)	ган	[gan]

opscheppen (ww)	куралла ян	[kural:a jan]
opschrijven (ww)	дӀаяздан	[dəajazdan]
plannen (ww)	план хӀотто	[plan hot:ɔ]
prefereren (verkiezen)	гӀоли хета	[ɣɔli heta]
proberen (trachten)	хьажа	[haʒa]
redden (ww)	кӀелхьардаккха	[k:elhardak:a]

rekenen op …	дагахь хила	[dagah hila]
rennen (ww)	дада	[dada]
reserveren (een hotelkamer ~)	резервировать ян	[rezerwirɔvatʲ jan]
roepen (om hulp)	кхайкха	[qajqa]
schieten (ww)	кхийса	[qi:sa]
schreeuwen (ww)	мохь бетта	[mɔh bet:a]

schrijven (ww)	яздан	[jazdan]
souperen (ww)	пхьор дан	[phɔr dan]
spelen (kinderen)	ловза	[lɔvza]
spreken (ww)	мотт бийца	[mɔt: bi:tsa]
stelen (ww)	лечкъо	[letʃqhɔ]
stoppen (pauzeren)	саца	[satsa]

studeren (Nederlands ~)	Ӏамо	[əamɔ]
sturen (zenden)	дӀадахьийта	[dəadahi:ta]
tellen (optellen)	лара	[lara]
toebehoren …	хила	[hila]
toestaan (ww)	магийта	[magi:ta]
tonen (ww)	гайта	[gajta]

twijfelen (onzeker zijn)	шекьхила	[ʃəkʲhila]
uitgaan (ww)	арадалар	[aradalar]
uitnodigen (ww)	схьакхайкха	[shaqajqa]
uitspreken (ww)	ала	[ala]
uitvaren tegen (ww)	дов дан	[dɔv dan]

16. De belangrijkste werkwoorden. Deel 4

vallen (ww)	охьаэга	[ɔhaəga]
vangen (ww)	леца	[letsa]
veranderen (anders maken)	хийца	[hi:tsa]
verbaasd zijn (ww)	цецдала	[tsetsdala]
verbergen (ww)	дӀадилла	[dəadil:a]

verdedigen (je land ~)	лардан	[lardan]
verenigen (ww)	цхьанатоха	[tshænatɔha]
vergelijken (ww)	дуста	[dusta]
vergeten (ww)	дицдала	[ditsdala]
vergeven (ww)	геч дан	[getʃ dan]
verklaren (uitleggen)	кхето	[qetɔ]

verkopen (per stuk ~)	дохка	[dɔhka]
vermelden (praten over)	хьахо	[haho]
versieren (decoreren)	хаздан	[hazdan]
vertalen (ww)	талмажалла дан	[talmaʒal:a dan]
vertrouwen (ww)	теша	[teʃa]
vervolgen (ww)	дахдан	[dahdan]
verwarren (met elkaar ~)	тило	[tilɔ]
verzoeken (ww)	деха	[deha]
verzuimen (school, enz.)	юкъахдита	[juqhahdita]
vinden (ww)	каро	[karɔ]
vliegen (ww)	лела	[lela]
volgen (ww)	тӀаьхьадаха	[thæhadaha]
voorstellen (ww)	хьахо	[haho]
voorzien (verwachten)	хиндерг хаа	[hinderg ha:]
vragen (ww)	хатта	[hat:a]
waarnemen (ww)	тергам бан	[tergam ban]
waarschuwen (ww)	дӀахьедан	[dəahedan]
wachten (ww)	хьежа	[heʒa]
weerspreken (ww)	дуьхьал хила	[dyhal hila]
weigeren (ww)	дуьхьал хила	[dyhal hila]
werken (ww)	болх бан	[bɔlh ban]
weten (ww)	хаа	[ha:]
willen (verlangen)	лаа	[la:]
zeggen (ww)	ала	[ala]
zich haasten (ww)	сихдала	[sihdala]
zich interesseren voor ...	довза лаа	[dɔvza la:]
zich vergissen (ww)	гӀалатдала	[ɣalatdala]
zich verontschuldigen	бехк цабиллар деха	[behk tsabil:ar deha]
zien (ww)	ган	[gan]
zoeken (ww)	леха	[leha]
zwemmen (ww)	нека дан	[neka dan]
zwijgen (ww)	къамел ца дан	[qhamel tsa dan]

TIJD. KALENDER

17. Dagen van de week

maandag (de)	оршот	[ɔrʃɔt]
dinsdag (de)	шинара	[ʃinara]
woensdag (de)	кхаара	[qɑːra]
donderdag (de)	еара	[eara]
vrijdag (de)	пlераска	[pheraska]
zaterdag (de)	шот	[ʃɔt]
zondag (de)	кlиранде	[kːirande]
vandaag (bw)	тахана	[tahana]
morgen (bw)	кхана	[qana]
overmorgen (bw)	лама	[lama]
gisteren (bw)	селхана	[selhana]
eergisteren (bw)	стомара	[stɔmara]
dag (de)	де	[de]
werkdag (de)	белхан де	[belhan de]
feestdag (de)	деза де	[deza de]
verlofdag (de)	мукъа де	[muqha de]
weekend (het)	мукъа денош	[muqha denɔʃ]
de hele dag (bw)	деррига де	[derːiga de]
de volgende dag (bw)	шолгlачу дийнахь	[ʃɔlɣatʃu diːnah]
twee dagen geleden	ши де хьалха	[ʃi de halha]
aan de vooravond (bw)	де хьалха	[de halha]
dag-, dagelijks (bn)	хlор денна хуьлу	[hɔr deŋa hylu]
elke dag (bw)	хlор денна хуьлу	[hɔr deŋa hylu]
week (de)	кlира	[kːira]
vorige week (bw)	дlадаханчу кlирнахь	[dədahantʃu kːirnah]
volgende week (bw)	тlедоглучу кlирнахь	[thedɔɣutʃu kːirnah]
wekelijks (bn)	хlор кlиранан	[hɔr kːiranan]
elke week (bw)	хlор кlирна	[hɔr kːirna]
twee keer per week	кlирнахь шозза	[kːirnah ʃɔzːa]
elke dinsdag	хlор шинара	[hɔr ʃinara]

18. Uren. Dag en nacht

morgen (de)	lуьйре	[əyjre]
's morgens (bw)	lуьйранна	[əyjraŋa]
middag (de)	делкъе	[delqhe]
's middags (bw)	делкъан тlаьхьа	[delqhan thæha]
avond (de)	суьйре	[syjre]
's avonds (bw)	сарахь	[sarah]

nacht (de)	буьса	[bysa]
's nachts (bw)	буса	[busa]
middernacht (de)	буьйсанан юкъ	[byjsanan juqh]

seconde (de)	секунд	[sekund]
minuut (de)	минот	[minɔt]
uur (het)	сахьт	[saht]
halfuur (het)	ахсахьт	[ahsaht]
kwartier (het)	сахьтах пхийтта	[sahtah phi:t:a]
vijftien minuten	I5 минот	[phi:t:a minɔt]
etmaal (het)	де-буьйса	[de byjsa]

zonsopgang (de)	малх схьакхетар	[malh shaqetar]
dageraad (de)	сатасар	[satasar]
vroege morgen (de)	Iуьйранна хьалхехь	[əyjraŋa halheh]
zonsondergang (de)	чубузар	[tʃubuzar]

's morgens vroeg (bw)	Iуьйранна хьалххе	[əyjraŋa halhe]
vanmorgen (bw)	тахан Iуьйранна	[tahan əyjraŋa]
morgenochtend (bw)	кхана Iуьйранна	[qana əyjraŋa]

vanmiddag (bw)	тахана дийнахь	[tahana di:nah]
's middags (bw)	делкъан тIаьхьа	[delqhan thæha]
morgenmiddag (bw)	кхана делкъан тIаьхьа	[qana delqhan thæha]

| vanavond (bw) | тахана суьйранна | [tahana syjraŋa] |
| morgenavond (bw) | кхана суьйранна | [qana syjraŋa] |

klokslag drie uur	нийсса кхоъ сахьт даьлча	[ni:s:a qø saht dæltʃa]
ongeveer vier uur	диъ сахьт гергга	[di saht gerg:a]
tegen twaalf uur	шийтта сахьт долаж	[ʃi:t:a saht dɔlaʒ]

over twintig minuten	ткъа минот яьлча	[tqha minɔt jaltʃa]
over een uur	цхьа сахьт даьлча	[tsha saht dæltʃa]
op tijd (bw)	шен хеннахь	[ʃən heŋah]

kwart voor ...	сахьтах пхийтта яьлча	[sahtah phi:t:a jaltʃa]
binnen een uur	сахьт даллалц	[saht dal:alts]
elk kwartier	хIор пхийтта минот	[hɔr phi:t:a minɔt]
de klok rond	дуьззина де-буьйса	[dyz:ina de byjsa]

19. Maanden. Seizoenen

januari (de)	январь	[janvarʲ]
februari (de)	февраль	[fevraʎ]
maart (de)	март	[mart]
april (de)	апрель	[apreʎ]
mei (de)	май	[maj]
juni (de)	июнь	[ijuɲ]

juli (de)	июль	[ijuʎ]
augustus (de)	август	[avgust]
september (de)	сентябрь	[sentʲabrʲ]
oktober (de)	октябрь	[ɔktʲabrʲ]

november (de)	ноябрь	[nɔjabrʲ]
december (de)	декабрь	[dekabrʲ]
lente (de)	бӏаьсте	[bəæste]
in de lente (bw)	бӏаьста	[bəæsta]
lente- (abn)	бӏаьстенан	[bəæstenan]
zomer (de)	аьхке	[æhke]
in de zomer (bw)	аьхка	[æhka]
zomer-, zomers (bn)	аьхкенан	[æhkenan]
herfst (de)	гуьйре	[gyjre]
in de herfst (bw)	гурахь	[gurah]
herfst- (abn)	гуьйренан	[gyjrenan]
winter (de)	ӏа	[əa]
in de winter (bw)	ӏай	[əaj]
winter- (abn)	ӏаьнан	[əænan]
maand (de)	бутт	[but:]
deze maand (bw)	кху баттахь	[qu bat:ah]
volgende maand (bw)	тӏеборӏу баттахь	[thebɔɣu bat:ah]
vorige maand (bw)	байна баттахь	[bajna bat:ah]
een maand geleden (bw)	цхьа бутт хьалха	[tsha but: halha]
over een maand (bw)	цхьа бутт баьлча	[tsha but: bæltʃa]
over twee maanden (bw)	ши бутт баьлча	[ʃi but: bæltʃa]
de hele maand (bw)	беррига бутт	[ber:iga but:]
een volle maand (bw)	дийнна бутт	[di:ŋa but:]
maand-, maandelijks (bn)	хӏор беттан	[hɔr bet:an]
maandelijks (bw)	хӏор баттахь	[hɔr bat:ah]
elke maand (bw)	хӏор бутт	[hɔr but:]
twee keer per maand	баттахь 2	[bat:ah ʃɔz:a]
jaar (het)	шо	[ʃɔ]
dit jaar (bw)	кхушара	[quʃara]
volgend jaar (bw)	тӏедорӏучу шарахь	[thedɔɣutʃu ʃarah]
vorig jaar (bw)	стохка	[stɔhka]
een jaar geleden (bw)	шо хьалха	[ʃɔ halha]
over een jaar	шо даьлча	[ʃɔ dæltʃa]
over twee jaar	ши шо даьлча	[ʃi ʃɔ dæltʃa]
het hele jaar	деррига шо	[der:iga ʃɔ]
een vol jaar	дийнна шо	[di:ŋa ʃɔ]
elk jaar	хӏор шо	[hɔr ʃɔ]
jaar-, jaarlijks (bn)	хӏор шеран	[hɔr ʃeran]
jaarlijks (bw)	хӏор шарахь	[hɔr ʃarah]
4 keer per jaar	шарахь 4	[ʃarah døaz:a]
datum (de)	де	[de]
datum (de)	терахь	[terah]
kalender (de)	календарь	[kalendarʲ]
een half jaar	ахшо	[ahʃɔ]
zes maanden	ахшо	[ahʃɔ]

seizoen (bijv. lente, zomer)	**зам**	[zɑm]
eeuw (de)	**оьмар**	[ømɑr]

REIZEN. HOTEL

20. Trip. Reizen

toerisme (het)	туризм	[turizm]
toerist (de)	турист	[turist]
reis (de)	араваьлла лелар	[aravæl:a lelar]
avontuur (het)	хилларг	[hil:arg]
tocht (de)	дахар	[dahar]
vakantie (de)	отпуск	[ɔtpusk]
met vakantie zijn	отпускехь хилар	[ɔtpuskeh hilar]
rust (de)	садаlар	[sadaǝar]
trein (de)	цlерпошт	[tsherpɔʃt]
met de trein	цlерпоштахь	[tsherpɔʃtah]
vliegtuig (het)	кема	[kema]
met het vliegtuig	кеманца	[kemantsa]
met de auto	машина тlехь	[maʃina theh]
per schip (bw)	кеманца	[kemantsa]
bagage (de)	кира	[kira]
valies (de)	чамда	[tʃamda]
bagagekarretje (het)	киран гlудакх	[kiran ɣudaq]
paspoort (het)	паспорт	[paspɔrt]
visum (het)	виза	[wiza]
kaartje (het)	билет	[bilet]
vliegticket (het)	авиабилет	[awiabilet]
reisgids (de)	некъгойтург	[neqhgɔjturg]
kaart (de)	карта	[karta]
gebied (landelijk ~)	меттиг	[met:ig]
plaats (de)	меттиг	[met:ig]
exotische bestemming (de)	экзотика	[ɛkzɔtika]
exotisch (bn)	экзотикин	[ɛkzɔtikin]
verwonderlijk (bn)	тамашена	[tamaʃǝna]
groep (de)	группа	[grup:a]
rondleiding (de)	экскурси	[ɛkskursi]
gids (de)	экскурсилелорхо	[ɛkskursilelɔrhɔ]

21. Hotel

hotel (het)	хьешийн цlа	[heʃi:n tsha]
motel (het)	мотель	[mɔteʎ]
3-sterren	кхо седа	[qø seda]

| 5-sterren | пхи седа | [phi seda] |
| overnachten (ww) | саца | [saʦa] |

kamer (de)	номер	[nɔmer]
eenpersoonskamer (de)	цхьа меттиг йолу номер	[ʦha met:ig jolu nɔmer]
tweepersoonskamer (de)	шиъ меттиг йолу номер	[ʃi met:ig jolu nɔmer]
een kamer reserveren	номер бронь ян	[nɔmer brɔɲ jan]

| halfpension (het) | полупансион | [polupansiɔn] |
| volpension (het) | йиззина пансион | [jɪz:ina pansiɔn] |

met badkamer	ваннер	[vaɲer]
met douche	душер	[duʃer]
satelliet-tv (de)	спутникови телевидени	[sputnikɔwi telewideni]
airconditioner (de)	кондиционер	[kɔnditsiɔner]
handdoek (de)	гата	[gata]
sleutel (de)	доrlа	[dɔɣa]

administrateur (de)	администратор	[administratɔr]
kamermeisje (het)	хlусамча	[husamtʃa]
piccolo (de)	киранхо	[kiranho]
portier (de)	портье	[pɔrtje]

restaurant (het)	ресторан	[restɔran]
bar (de)	бар	[bar]
ontbijt (het)	марта	[marta]
avondeten (het)	пхьор	[phɔr]
buffet (het)	шведийн стоьл	[ʃwedi:n støl]

| hal (de) | вестибюль | [westibyʎ] |
| lift (de) | лифт | [lift] |

NIET STOREN	МА ХЬЕВЕ	[ma hewe]
VERBODEN TE ROKEN!	ЦИГАЬРКА ОЗА	[ʦigærka ɔza
	МЕГАШ ДАЦ!	megaʃ daʦ]

22. Bezienswaardigheden

monument (het)	хlоллам	[hɔl:am]
vesting (de)	гlап	[ɣap]
paleis (het)	гlала	[ɣala]
kasteel (het)	гlала	[ɣala]
toren (de)	бlов	[bəov]
mausoleum (het)	мавзолей	[mavzɔlej]

architectuur (de)	архитектура	[arhitektura]
middeleeuws (bn)	юккъерчу блешерийн	[jukqhertʃu bəeʃeri:n]
oud (bn)	тамашена	[tamaʃena]
nationaal (bn)	къаьмнийн	[qhæmni:n]
bekend (bn)	гlарадаьлла	[ɣaradæl:a]

toerist (de)	турист	[turist]
gids (de)	гид	[gid]
rondleiding (de)	экскурси	[ɛkskursi]

| tonen (ww) | гайта | [gajta] |
| vertellen (ww) | дийца | [di:tsa] |

vinden (ww)	каро	[karɔ]
verdwalen (de weg kwijt zijn)	дан	[dan]
plattegrond (~ van de metro)	схема	[shema]
plattegrond (~ van de stad)	план	[plan]

souvenir (het)	совгӀат	[sɔvɣat]
souvenirwinkel (de)	совгӀатан туька	[sɔvɣatan tyka]
een foto maken (ww)	сурт даккха	[surt dak:a]
zich laten fotograferen	сурт даккхийта	[surt dak:i:ta]

VERVOER

23. Vliegveld

luchthaven (de)	аэропорт	[aɛrɔpɔrt]
vliegtuig (het)	кема	[kema]
luchtvaartmaatschappij (de)	авиакомпани	[awiakɔmpani]
luchtverkeersleider (de)	диспетчер	[dispetʃer]
vertrek (het)	дӏадахар	[dəadahar]
aankomst (de)	схьакхачар	[shaqatʃar]
aankomen (per vliegtuig)	схьакхача	[shaqatʃa]
vertrektijd (de)	гӏовтаран хан	[ɣɔvtaran han]
aankomstuur (het)	схьакхачаран хан	[shaqatʃaran han]
vertraagd zijn (ww)	хьедала	[hedala]
vluchtvertraging (de)	хьедар	[hedar]
informatiebord (het)	хаамийн табло	[haːmiːn tablɔ]
informatie (de)	хаам	[haːm]
aankondigen (ww)	кхайкхо	[qajqɔ]
vlucht (bijv. KLM ~)	рейс	[rejs]
douane (de)	таможни	[tamɔʒni]
douanier (de)	таможхо	[tamɔʒho]
douaneaangifte (de)	декларацӏи	[deklaratsi]
een douaneaangifte invullen	декларацӏи язъян	[deklaratsi jazʰjan]
paspoortcontrole (de)	пастпортан контроль	[pastpɔrtan kɔntrɔʎ]
bagage (de)	кира	[kira]
handbagage (de)	куьйга леладен кира	[kyjga leladen kira]
Gevonden voorwerpen	багаж лахар	[baɡaʒ lahar]
bagagekarretje (het)	гӏудалкх	[ɣudalq]
landing (de)	охьахаар	[ɔhahaːr]
landingsbaan (de)	охьахааден аса	[ɔhahaːden asa]
landen (ww)	охьахаа	[ɔhahaː]
vliegtuigtrap (de)	лами	[lami]
inchecken (het)	регистрацӏи	[registratsi]
incheckbalie (de)	регистрацӏин гӏопаста	[registratsin ɣɔpasta]
inchecken (ww)	регистрацӏи ян	[registratsi jan]
instapkaart (de)	тӏехааден талон	[thehaːden talɔn]
gate (de)	арадалар	[aradalar]
transit (de)	транзит	[tranzit]
wachten (ww)	хьежа	[heʒa]
wachtzaal (de)	хьежаран зал	[heʒaran zal]

| begeleiden (uitwuiven) | новкъадаккха | [nɔvqhadak:a] |
| afscheid nemen (ww) | Iодика ян | [əodika jan] |

24. Vliegtuig

vliegtuig (het)	кема	[kema]
vliegticket (het)	авиабилет	[awiabilet]
luchtvaartmaatschappij (de)	авиакомпани	[awiakɔmpani]
luchthaven (de)	аэропорт	[aerɔpɔrt]
supersonisch (bn)	озал тIехь	[ɔzal theh]

gezagvoerder (de)	кеман командир	[keman kɔmandir]
bemanning (de)	экипаж	[ɛkipaʒ]
piloot (de)	кеманхо	[kemanho]
stewardess (de)	стюардесса	[styardes:a]
stuurman (de)	штурман	[ʃturman]

vleugels (mv.)	тIемаш	[themaʃ]
staart (de)	цIога	[tshɔga]
cabine (de)	кабина	[kabina]
motor (de)	двигатель	[dwigateʎ]
landingsgestel (het)	шасси	[ʃas:i]
turbine (de)	бера	[bera]
propeller (de)	бера	[bera]
zwarte doos (de)	Iаьржа яьшка	[əærʒa jaʃka]
stuur (het)	штурвал	[ʃturval]
brandstof (de)	ягорг	[jagɔrg]

veiligheidskaart (de)	инструкци	[instruktsi]
zuurstofmasker (het)	кислородан маска	[kislɔrɔdan maska]
uniform (het)	униформа	[unifɔrma]
reddingsvest (de)	кIелхьарвоккху жилет	[k:elharvɔqhu ʒilet]
parachute (de)	четар	[tʃetar]
opstijgen (het)	хьалагIаттар	[halaɣat:ar]
opstijgen (ww)	хьалагIатта	[halaɣat:a]
startbaan (de)	хьалагIотту аса	[halaɣɔt:u asa]

zicht (het)	гуш хилар	[guʃ hilar]
vlucht (de)	дахар	[dahar]
hoogte (de)	лакхалла	[laqal:a]
luchtzak (de)	хIаваъан ор	[hava:n ɔr]

plaats (de)	меттиг	[met:ig]
koptelefoon (de)	ладугIургаш	[laduɣurgaʃ]
tafeltje (het)	цхьалха стол	[tshalha stɔl]
venster (het)	иллюминатор	[il:yminatɔr]
gangpad (het)	чекхдолийла	[tʃeqdɔli:la]

25. Trein

| trein (de) | цIерпошт | [tsherpɔʃt] |
| elektrische trein (de) | электричка | [ɛlektritʃka] |

sneltrein (de)	чехка цІерпошт	[ʧehkɑ ʦherpɔʃt]
diesellocomotief (de)	тепловоз	[teplɔvɔz]
locomotief (de)	цІермашен	[ʦhermɑʃən]

| rijtuig (het) | вагон | [vagɔn] |
| restauratierijtuig (het) | вагон-ресторан | [vagɔn restɔrɑn] |

rails (mv.)	рельсаш	[reʌsɑʃ]
spoorweg (de)	аьчка некъ	[æʧkɑ neqh]
dwarsligger (de)	шпала	[ʃpɑlɑ]

perron (het)	платформа	[plɑtfɔrmɑ]
spoor (het)	некъ	[neqh]
semafoor (de)	семафор	[semɑfɔr]
halte (bijv. kleine treinhalte)	станци	[stɑntsi]
machinist (de)	машинхо	[mɑʃinho]
kruier (de)	киранхо	[kirɑnho]
conducteur (de)	проводник	[prɔvɔdnik]
passagier (de)	пассажир	[pɑs:aʒir]
controleur (de)	контролёр	[kɔntrɔlɜr]

| gang (in een trein) | уче | [uʧe] |
| noodrem (de) | стоп-кран | [stɔp krɑn] |

coupé (de)	купе	[kupe]
bed (slaapplaats)	терхи	[terhi]
bovenste bed (het)	лакхара терхи	[laqara terhi]
onderste bed (het)	лахара терхи	[lahara terhi]
beddengoed (het)	меттан лоччарш	[met:an lɔʧɑrʃ]
kaartje (het)	билет	[bilet]
dienstregeling (de)	расписани	[rɑspisani]
informatiebord (het)	хаамийн у	[hɑ:mi:n u]

vertrekken (De trein vertrekt ...)	дІадаха	[dəadaha]
vertrek (ov. een trein)	дІадахар	[dəadahar]
aankomen (ov. de treinen)	схьакхача	[shaqatʃa]
aankomst (de)	схьакхачар	[shaqatʃar]

aankomen per trein	цІерпоштахь ван	[ʦherpɔʃtah van]
in de trein stappen	цІерпошта тІе хаа	[ʦherpɔʃta the hɑ:]
uit de trein stappen	цІерпошта тІера охьадосса	[ʦherpɔʃta thera ɔhadɔs:a]

treinwrak (het)	харцар	[hartsar]
locomotief (de)	цІермашен	[ʦhermɑʃən]
stoker (de)	кочегар	[kɔʧegar]
stookplaats (de)	дагор	[dagɔr]
steenkool (de)	кІора	[k:ɔra]

26. Schip

| schip (het) | кема | [kema] |
| vaartuig (het) | кема | [kema] |

stoomboot (de)	цlеркема	[ʦherkema]
motorschip (het)	теплоход	[teplɔhod]
lijnschip (het)	лайнер	[lajner]
kruiser (de)	крейсер	[krejser]
jacht (het)	яхта	[jahta]
sleepboot (de)	буксир	[buksir]
duwbak (de)	баржа	[barʒa]
ferryboot (de)	бурам	[buram]
zeilboot (de)	гатанан кема	[gatanan kema]
brigantijn (de)	бригантина	[brigantina]
IJsbreker (de)	ша-кема	[ʃa kema]
duikboot (de)	хи бухахула лела кема	[hi buhahula lela kema]
boot (de)	кема	[kema]
sloep (de)	шлюпка	[ʃlypka]
reddingssloep (de)	кlелхьарвоккху шлюпка	[kːelharvɔkːu ʃlypka]
motorboot (de)	катер	[kater]
kapitein (de)	капитан	[kapitan]
zeeman (de)	хlордахо	[hɔrdaho]
matroos (de)	хlордахо	[hɔrdaho]
bemanning (de)	экипаж	[ɛkipaʒ]
bootsman (de)	боцман	[bɔʦman]
scheepsjongen (de)	юнга	[juŋa]
kok (de)	кок	[kɔk]
scheepsarts (de)	хи кеман лор	[hi keman lɔr]
dek (het)	палуба	[paluba]
mast (de)	мачта	[matʃta]
zeil (het)	гата	[gata]
ruim (het)	трюм	[trym]
voorsteven (de)	кеман мара	[keman mara]
achtersteven (de)	кеман цlога	[keman ʦhɔga]
roeispaan (de)	пийсиг	[piːsig]
schroef (de)	винт	[wint]
kajuit (de)	каюта	[kajuta]
officierskamer (de)	кают-компани	[kajut kɔmpani]
machinekamer (de)	машинийн отделени	[maʃiniːn ɔtdeleni]
brug (de)	капитанан тlай	[kapitanan thaj]
radiokamer (de)	радиотрубка	[radiɔtrubka]
radiogolf (de)	тулгlе	[tulɣe]
logboek (het)	кеман журнал	[keman ʒurnal]
verrekijker (de)	турмал	[turmal]
klok (de)	горгал	[gɔrgal]
vlag (de)	байракх	[bajraq]
kabel (de)	муш	[muʃ]
knoop (de)	шад	[ʃad]
trapleuning (de)	тlам	[tham]

trap (de)	лами	[lami]
anker (het)	якорь	[jakɔrʲ]
het anker lichten	якорь хьалаайа	[jakɔrʲ hala:ja]
het anker neerlaten	якорь кхосса	[jakɔrʲ qɔs:a]
ankerketting (de)	якоран зӏе	[jakɔran zəe]

haven (bijv. containerhaven)	порт	[pɔrt]
kaai (de)	дӏатосийла	[dəatɔsi:la]
aanleggen (ww)	йистедало	[jıstedalɔ]
wegvaren (ww)	дӏадаха	[dəadaha]

reis (de)	араваьлла лелар	[aravæl:a lelar]
cruise (de)	круиз	[kruiz]
koers (de)	курс	[kurs]
route (de)	маршрут	[marʃrut]

vaarwater (het)	фарватер	[farvater]
zandbank (de)	гомхалла	[gɔmhal:a]
stranden (ww)	гӏамарла даха	[ɣamarla daha]

storm (de)	дарц	[darts]
signaal (het)	сигнал	[signal]
zinken (ov. een boot)	бухадаха	[buhadaha]
SOS (noodsignaal)	SOS	[sɔs]
reddingsboei (de)	кӏелхьарвоккху го	[k:elharvɔk:u gɔ]

STAD

27. Stedelijk vervoer

bus, autobus (de)	автобус	[ɑvtɔbus]
tram (de)	трамвай	[tramvɑj]
trolleybus (de)	троллейбус	[trɔl:ejbus]
route (de)	маршрут	[marʃrut]
nummer (busnummer, enz.)	номер	[nɔmer]
rijden met ...	даха	[dɑha]
stappen (in de bus ~)	тӀехаа	[thehɑ:]
afstappen (ww)	охьадосса	[ɔhadɔs:ɑ]
halte (de)	социйла	[sɔtsi:lɑ]
volgende halte (de)	porlepa социйла	[rɔɣera sɔtsi:lɑ]
eindpunt (het)	тӀаьхххьара социйла	[thæhara sɔtsi:lɑ]
dienstregeling (de)	расписани	[rɑspisɑni]
wachten (ww)	хьежа	[heʒɑ]
kaartje (het)	билет	[bilet]
reiskosten (de)	билетан мах	[biletan mah]
kassier (de)	кассир	[kɑs:ir]
kaartcontrole (de)	контроль	[kɔntrɔʎ]
controleur (de)	контролёр	[kɔntrɔlɜr]
te laat zijn (ww)	тӀаьхьадиса	[thæhadisɑ]
missen (de bus ~)	тӀаьхьадиса	[thæhadisɑ]
zich haasten (ww)	сихадала	[sihadalɑ]
taxi (de)	такси	[taksi]
taxichauffeur (de)	таксист	[taksist]
met de taxi (bw)	таксин тӀехь	[taksin theh]
taxistandplaats (de)	такси дӀахӀоттайойла	[taksi dəahɔt:ɑjɔjlɑ]
een taxi bestellen	таксига кхайкха	[taksiga qajqɑ]
een taxi nemen	такси лаца	[taksi latsɑ]
verkeer (het)	урамашкахула лелар	[uramaʃkahula lelar]
file (de)	дӀадукъар	[dəaduqhar]
spitsuur (het)	юкъъелла хан	[juqhʰel:ɑ han]
parkeren (on.ww.)	машина дӀахӀоттар	[maʃina dəahɔt:ar]
parkeren (ov.ww.)	машина дӀахӀотто	[maʃina dəahɔt:ɔ]
parking (de)	дӀахӀоттайойла	[dəahɔt:ɑjɔjlɑ]
metro (de)	метро	[metrɔ]
halte (bijv. kleine treinhalte)	станци	[stantsi]
de metro nemen	метрохь ваха	[metrɔh vaha]
trein (de)	цӀерпошт	[tsherpɔʃt]
station (treinstation)	вокзал	[vɔkzal]

28. Stad. Het leven in de stad

stad (de)	гӏала	[ɣala]
hoofdstad (de)	нана-гӏала	[nana gəala]
dorp (het)	юрт	[jurt]
plattegrond (de)	гӏалин план	[ɣalin plan]
centrum (ov. een stad)	гӏалин юкъ	[ɣalin juqh]
voorstad (de)	гӏалин йист	[ɣalin jıst]
voorstads- (abn)	гӏалин йистера	[ɣalin jıstera]
randgemeente (de)	гӏалин йист	[ɣalin jıst]
omgeving (de)	гӏалин гонахе	[ɣalin gɔnahe]
blok (huizenblok)	квартал	[kvartal]
woonwijk (de)	нах беха квартал	[nah beha kvartal]
verkeer (het)	лелар	[lelar]
verkeerslicht (het)	светофор	[swetɔfɔr]
openbaar vervoer (het)	гӏалара транспорт	[ɣalara transpɔrt]
kruispunt (het)	галморзе	[galmɔrze]
zebrapad (oversteekplaats)	галморзе	[galmɔrze]
onderdoorgang (de)	лаьттан бухара дехьаволийла	[læt:an buhara dehavoli:la]
oversteken (de straat ~)	дехьа вала	[deha vala]
voetganger (de)	гӏашло	[ɣaʃlɔ]
trottoir (het)	тротуар	[trɔtuar]
brug (de)	тӏай	[thaj]
dijk (de)	хийист	[hi:ist]
fontein (de)	фонтан	[fɔntan]
allee (de)	аллей	[al:ej]
park (het)	беш	[beʃ]
boulevard (de)	бульвар	[buʎvar]
plein (de)	майда	[majda]
laan (de)	проспект	[prɔspekt]
straat (de)	урам	[uram]
zijstraat (de)	урамалг	[uramalg]
doodlopende straat (de)	кӏажбухе	[k:aӡbuhe]
huis (het)	цӏа	[tsha]
gebouw (het)	гӏишло	[ɣiʃlɔ]
wolkenkrabber (de)	стигал-бохь	[stigal bɔh]
gevel (de)	хьалхе	[halhe]
dak (het)	тхов	[thov]
venster (het)	кор	[kɔr]
boog (de)	нартол	[nartɔl]
pilaar (de)	колонна	[kɔlɔŋa]
hoek (ov. een gebouw)	маьлиг	[mæeig]
vitrine (de)	витрина	[witrina]
gevelreclame (de)	гойтург	[gɔjturg]
affiche (de/het)	афиша	[afiʃa]

| reclameposter (de) | рекламан плакат | [reklaman plakat] |
| aanplakbord (het) | рекламан у | [reklaman u] |

vuilnis (de/het)	нехаш	[nehaʃ]
vuilnisbak (de)	урна	[urna]
afval weggooien (ww)	нехаш яржо	[nehaʃ jarʒɔ]
stortplaats (de)	нехаш дӏакхийсуьйла	[nehaʃ dəaqi:syjla]

telefooncel (de)	телефонан будка	[telefɔnan budka]
straatlicht (het)	фонаран зӏенар	[fɔnaran zəenar]
bank (de)	гӏант	[ɣant]

politieagent (de)	полици	[pɔliʦi]
politie (de)	полици	[pɔliʦi]
zwerver (de)	сагӏадоьхург	[saɣadøhurg]
dakloze (de)	цӏа доцу	[ʦha dɔʦu]

29. Stedelijke instellingen

winkel (de)	туька	[tyka]
apotheek (de)	аптека	[apteka]
optiek (de)	оптика	[ɔptika]
winkelcentrum (het)	механ центр	[mehan ʦentr]
supermarkt (de)	супермаркет	[supermarket]

bakkerij (de)	сурсатийн туька	[sursati:n tyka]
bakker (de)	пурнхо	[purnhɔ]
banketbakkerij (de)	кондитерски	[kɔnditerski]
kruidenier (de)	баккхал	[bak:al]
slagerij (de)	жижиг духку туька	[ʒiʒig duhku tyka]

| groentewinkel (de) | хасстоьмийн туька | [has:tømi:n tyka] |
| markt (de) | базар | [bazar] |

koffiehuis (het)	кафе	[kafe]
restaurant (het)	ресторан	[restɔran]
bar (de)	йийн туька	[ji:n tyka]
pizzeria (de)	пиццерий	[piʦeri:]

kapperssalon (de/het)	парикмахерски	[parikmaherski]
postkantoor (het)	пошт	[pɔʃt]
stomerij (de)	химцӏандар	[himʦhandar]
fotostudio (de)	фотоателье	[fotɔateʎje]

schoenwinkel (de)	мачийн туька	[matʃi:n tyka]
boekhandel (de)	книшкийн туька	[kniʃki:n tyka]
sportwinkel (de)	спортан туька	[spɔrtan tyka]

kledingreparatie (de)	бедар таяр	[bedar tajar]
kledingverhuur (de)	бедарийн прокат	[bedari:n prɔkat]
videotheek (de)	фильман прокат	[fiʎman prɔkat]

| circus (de/het) | цирк | [ʦirk] |
| dierentuin (de) | дийнатийн парк | [di:nati:n park] |

bioscoop (de)	кинотеатр	[kinɔteatr]
museum (het)	музей	[muzej]
bibliotheek (de)	библиотека	[biblioteka]

theater (het)	театр	[teatr]
opera (de)	опера	[ɔpera]
nachtclub (de)	буьйсанан клуб	[byjsanan klub]
casino (het)	казино	[kazinɔ]

moskee (de)	маьждиг	[mæʒdig]
synagoge (de)	синагога	[sinagɔga]
kathedraal (de)	килс	[kils]
tempel (de)	зиярат	[zijarat]
kerk (de)	килс	[kils]

instituut (het)	институт	[institut]
universiteit (de)	университет	[uniwersitet]
school (de)	школа	[ʃkɔla]

gemeentehuis (het)	префектур	[prefektur]
stadhuis (het)	мэри	[mɛri]
hotel (het)	хьешийн цӀа	[heʃi:n tsha]
bank (de)	банк	[baŋk]

ambassade (de)	векаллат	[wekal:at]
reisbureau (het)	турагенство	[turagenstvɔ]
informatieloket (het)	хаттараллин бюро	[hat:aral:in byrɔ]
wisselkantoor (het)	хуьицийла	[hyitsi:la]

metro (de)	метро	[metrɔ]
ziekenhuis (het)	больница	[bɔʌnitsa]

benzinestation (het)	бензин дутту колонка	[benzin dut:u kɔlɔŋka]
parking (de)	дӀахӀоттайойла	[dəahɔt:ajojla]

30. Borden

gevelreclame (de)	гойтург	[gɔjturg]
opschrift (het)	тӀеяздар	[thejazdar]
poster (de)	плакат	[plakat]
wegwijzer (de)	гойтург	[gɔjturg]
pijl (de)	цамза	[tsamza]

waarschuwing (verwittiging)	лардар	[lardar]
waarschuwingsbord (het)	дӀахьедар	[dəahedar]
waarschuwen (ww)	дӀахьедан	[dəahedan]

vrije dag (de)	мукъа де	[muqha de]
dienstregeling (de)	расписани	[raspisani]
openingsuren (mv.)	белхан сахьташ	[belhan sahtaʃ]

WELKOM!	ДИКАНЦА ДОГӀИЙЛА!	[dikantsa dɔɣi:la]
INGANG	ЧУГӀОЙЛА	[tʃuɣɔjla]
UITGANG	АРАДОЛИЙЛА	[aradɔli:la]

DUWEN	ШЕГАРА	[ʃegara]
TREKKEN	ШЕН ТIЕ	[ʃən the]
OPEN	ДИЛЛИНА	[dil:ina]
GESLOTEN	КЪОВЛИНА	[qhɔvlina]

| DAMES | ЗУДАРИЙН | [zudari:n] |
| HEREN | БОЖАРИЙН | [bɔʒari:n] |

KORTING	МАХ ТIЕРБАККХАР	[mah therbak:ar]
UITVERKOOP	ДОЬХКИНА ДIАДАККХАР	[døhkina deadak:ar]
NIEUW!	КЕРЛАНИГ!	[kerlanig]
GRATIS	МАЬХЗА	[mæhza]

PAS OP!	ЛАДОГIА!	[ladɔɣa]
VOLGEBOEKT	МЕТТИГ ЯЦ	[met:ig jaʦ]
GERESERVEERD	ЦХЬАНАН ТIЕХЬ	[ʦhanan theh
	ЧIАГIЙНА	ʧhaɣjina]

| ADMINISTRATIE | АДМИНИСТРАЦИ | [administraʦi] |
| ALLEEN VOOR PERSONEEL | ПЕРСОНАЛАН БЕ | [persɔnalan be] |

GEVAARLIJKE HOND	ДЕРА ЖIАЬЛА	[dera ʒeæla]
VERBODEN TE ROKEN!	ЦИГАЬРКА ОЗА	[ʦigærka ɔza
	МЕГАШ ДАЦ!	megaʃ daʦ]
NIET AANRAKEN!	КУЬЙГАШ МА ДЕТТА!	[kyjgaʃ ma det:a]

GEVAARLIJK	КХЕРАМЕ	[qerame]
GEVAAR	КХЕРАМ	[qeram]
HOOGSPANNING	ЛАКХАРЧУ	[laqarʧu
	БУЛЛАМАН ТОК	bul:aman tɔk]
VERBODEN TE ZWEMMEN	ЛИЙЧА ЦА МЕГА	[li:ʧa ʦa mega]
BUITEN GEBRUIK	БОЛХ ЦА БО	[bɔlh ʦa bɔ]

ONTVLAMBAAR	ЦIЕ КХЕРАМЕ	[ʦhe qerame]
VERBODEN	ЦА МЕГА	[ʦa mega]
DOORGANG VERBODEN	ЧЕКХДАЛАР ЦА МЕГА	[ʧeqdalar ʦa mega]
OPGELET PAS GEVERFD	БАСАР ХЬАЬКХНА	[basar hæqna]

31. Winkelen

kopen (ww)	эца	[ɛʦa]
aankoop (de)	эцар	[ɛʦar]
winkelen (ww)	х1уманаш эца	[humanaʃ ɛʦa]
winkelen (het)	эцар	[ɛʦar]

| open zijn (ov. een winkel, enz.) | болх бан | [bɔlh ban] |
| gesloten zijn (ww) | дiакъовла | [deaqhɔvla] |

schoeisel (het)	мача	[maʧa]
kleren (mv.)	бедар	[bedar]
cosmetica (de)	космэтика	[kɔsmetika]
voedingswaren (mv.)	сурсаташ	[sursataʃ]

geschenk (het)	совгlат	[sɔvɣat]
verkoper (de)	йохкархо	[johkarhɔ]
verkoopster (de)	йохкархо	[johkarhɔ]

kassa (de)	касса	[kas:a]
spiegel (de)	куьзга	[kyzga]
toonbank (de)	гlопаста	[ɣɔpasta]
paskamer (de)	примерочни	[primerɔtʃni]

aanpassen (ww)	тlедуьйхина хьажа	[thedyjhina haʒa]
passen (ov. kleren)	гlехьа хила	[ɣeha hila]
bevallen (prettig vinden)	хазахета	[hazaheta]

prijs (de)	мах	[mah]
prijskaartje (het)	махло	[mahlɔ]
kosten (ww)	деха	[deha]
Hoeveel?	Хlун доккху?	[hun dɔk:u]
korting (de)	тlерадаккхар	[theradak:ar]

niet duur (bn)	деза доцу	[deza dɔtsu]
goedkoop (bn)	дораха	[dɔraha]
duur (bn)	деза	[deza]
Dat is duur.	Иза механ деза ду.	[iza mehan deza du]

verhuur (de)	прокат	[prɔkat]
huren (smoking, enz.)	прокатан схьаэца	[prɔkatan shaətsa]
krediet (het)	кредит	[kredit]
op krediet (bw)	кредитан	[kreditan]

KLEDING EN ACCESSOIRES

32. Bovenkleding. Jassen

kleren (mv.), kleding (de)	бедар	[bedɑr]
bovenkleding (de)	тӏехула юху бедар	[thehulɑ juhu bedɑr]
winterkleding (de)	ӏаьнан барзакъ	[əænɑn bɑrzɑqh]
jas (de)	пальто	[pɑʎtɔ]
bontjas (de)	кетар	[ketɑr]
bontjasje (het)	йоца кетар	[jotsɑ ketɑr]
donzen jas (de)	месийн гоь	[mesi:n gø]
jasje (bijv. een leren ~)	куртка	[kurtkɑ]
regenjas (de)	плащ	[plɑɕ]
waterdicht (bn)	хи чекх ца долу	[hi ʧeq tsɑ dɔlu]

33. Heren & dames kleding

overhemd (het)	коч	[kɔʧ]
broek (de)	хеча	[heʧɑ]
jeans (de)	джинсаш	[dʒinsɑʃ]
colbert (de)	пиджак	[pidʒak]
kostuum (het)	костюм	[kɔstym]
jurk (de)	бедар	[bedɑr]
rok (de)	юпка	[jupkɑ]
blouse (de)	блузка	[bluzkɑ]
wollen vest (de)	кофта	[kɔftɑ]
blazer (kort jasje)	жакет	[ʒɑket]
T-shirt (het)	футболк	[futbɔlk]
shorts (mv.)	шорташ	[ʃɔrtɑʃ]
trainingspak (het)	спортан костюм	[spɔrtɑn kɔstym]
badjas (de)	оба	[ɔbɑ]
pyjama (de)	пижама	[piʒɑmɑ]
sweater (de)	свитер	[switer]
pullover (de)	пуловер	[pulɔwer]
gilet (het)	жилет	[ʒilet]
rokkostuum (het)	фрак	[frɑk]
smoking (de)	смокинг	[smɔkiŋ]
uniform (het)	форма	[fɔrmɑ]
werkkleding (de)	белхан бедар	[belhan bedɑr]
overall (de)	комбинезон	[kɔmbinezɔn]
doktersjas (de)	оба	[ɔbɑ]

43

34. Kleding. Ondergoed

ondergoed (het)	чухулаюху хӀуманаш	[ʧuhulajuhu humanaʃ]
onderhemd (het)	майка	[majka]
sokken (mv.)	пазаташ	[pazataʃ]

nachthemd (het)	вуьжуш юху коч	[vyʒuʃ juhu kɔʧ]
beha (de)	бюстгалтер	[bystgalter]
kniekousen (mv.)	пазаташ	[pazataʃ]
panty (de)	колготкаш	[kɔlgɔtkaʃ]
nylonkousen (mv.)	пазаташ	[pazataʃ]
badpak (het)	луьйчушъюхург	[lyjʧuʃʲjuhurg]

35. Hoofddeksels

hoed (de)	куй	[kuj]
deukhoed (de)	шляпа	[ʃʎapa]
honkbalpet (de)	бейсболк	[bejsbɔlk]
kleppet (de)	кепка	[kepka]

baret (de)	берет	[beret]
kap (de)	бошлакх	[bɔʃlaq]
panamahoed (de)	панамка	[panamka]
gebreide muts (de)	юьйцина куй	[jujtsina kuj]

hoofddoek (de)	йовлакх	[jovlaq]
dameshoed (de)	шляпин цуьрг	[ʃʎapin tsyrg]

veiligheidshelm (de)	каска	[kaska]
veldmuts (de)	пилотка	[pilɔtka]
helm, valhelm (de)	гӀем	[ɣem]

bolhoed (de)	яй	[jaj]
hoge hoed (de)	цилиндр	[tsilindr]

36. Schoeisel

schoeisel (het)	мача	[matʧa]
schoenen (mv.)	батенкаш	[batɛŋkaʃ]
vrouwenschoenen (mv.)	туфлеш	[tufleʃ]
laarzen (mv.)	эткаш	[ɛtkaʃ]
pantoffels (mv.)	кӀархаш	[k:arhaʃ]

sportschoenen (mv.)	красовкаш	[krasɔvkaʃ]
sneakers (mv.)	кеди	[kedi]
sandalen (mv.)	сандалеш	[sandaleʃ]

schoenlapper (de)	эткийн пхьар	[ɛtki:n phar]
hiel (de)	кӀажа	[k:aʒa]
paar (een ~ schoenen)	шиъ	[ʃi]
veter (de)	чимчаргӀа	[ʧimtʧarɣa]

rijgen (schoenen ~)	чимчаргӀа дӀадехка	[t͡ʃimt͡ʃarɣa dǝadehka]
schoenlepel (de)	лайг	[ǝajg]
schoensmeer (de/het)	мачийн крем	[mat͡ʃi:n krem]

37. Persoonlijke accessoires

handschoenen (mv.)	карнаш	[karnaʃ]
wanten (mv.)	каранаш	[karanaʃ]
sjaal (fleece ~)	шарф	[ʃarf]

bril (de)	куьзганаш	[kyzganaʃ]
brilmontuur (het)	куьзганийн гура	[kyzgani:n gura]
paraplu (de)	зонтик	[zɔntik]
wandelstok (de)	Ӏасалг	[ǝasalg]
haarborstel (de)	щётка	[ɕɔtka]
waaier (de)	мохтухург	[mɔhtuhurg]

das (de)	галстук	[galstuk]
strikje (het)	галстук-бабочка	[galstuk babɔt͡ʃka]
bretels (mv.)	доьхкарш	[døhkarʃ]
zakdoek (de)	мерах хьокху йовлакх	[merah hɔqu jovlaq]

kam (de)	ехк	[ehk]
haarspeldje (het)	маха	[maha]
schuifspeldje (het)	мӀара	[mǝara]
gesp (de)	кӀега	[k:ega]

broekriem (de)	доьхка	[døhka]
draagriem (de)	бухка	[buhka]

handtas (de)	тӀормиг	[thɔrmig]
damestas (de)	тӀормиг	[thɔrmig]
rugzak (de)	рюкзак	[rykzak]

38. Kleding. Diversen

mode (de)	мода	[mɔda]
de mode (bn)	модехь долу	[mɔdeh dɔlu]
kledingstilist (de)	модельхо	[mɔdeʎho]

kraag (de)	кач	[kat͡ʃ]
zak (de)	киса	[kisa]
zak- (abn)	кисанан	[kisanan]
mouw (de)	пхьош	[phɔʃ]
lusje (het)	лалам	[lalam]
gulp (de)	ширинка	[ʃiriŋka]

rits (de)	дорӀа	[dɔɣa]
sluiting (de)	туьйдарг	[tyjdarg]
knoop (de)	нуьйда	[nyjda]
knoopsgat (het)	туьйдарг	[tyjdarg]
losraken (bijv. knopen)	дӀадала	[dǝadala]

naaien (kleren, enz.)	тега	[tega]
borduren (ww)	дага	[daga]
borduursel (het)	дагар	[dagar]
naald (de)	маха	[maha]
draad (de)	тай	[taj]
naad (de)	эвна	[ɛvna]

vies worden (ww)	бехдала	[behdala]
vlek (de)	таммарla	[tam:aɣa]
gekreukt raken (ov. kleren)	хьерча	[herʧa]
scheuren (ov.ww.)	датlo	[dathɔ]
mot (de)	неца	[neʦa]

39. Persoonlijke verzorging. Schoonheidsmiddelen

tandpasta (de)	цергийн паста	[ʦergi:n pasta]
tandenborstel (de)	цергийг щётка	[ʦergi:g ɕɜtka]
tanden poetsen (ww)	цергаш цlанъян	[ʦergaʃ ʦhanhjan]

scheermes (het)	урс	[urs]
scheerschuim (het)	маж йошуш хьокху крем	[maʒ joʃuʃ hɔqu krem]
zich scheren (ww)	даша	[daʃa]

zeep (de)	саба	[saba]
shampoo (de)	шампунь	[ʃampuɲ]

schaar (de)	тукар	[tukar]
nagelvijl (de)	ков	[kɔv]
nagelknipper (de)	маlраш йоху морзах	[maɐraʃ johu mɔrzah]
pincet (het)	пинцет	[pinʦet]

cosmetica (de)	косметика	[kɔsmetika]
masker (het)	маска	[maska]
manicure (de)	маникюр	[manikyr]
manicure doen	маникюр ян	[manikyr jan]
pedicure (de)	педикюр	[pedikyr]

cosmetica tasje (het)	косметичка	[kɔsmetiʧka]
poeder (de/het)	пудра	[pudra]
poederdoos (de)	пудрадухкург	[pudraduhkurg]
rouge (de)	цlен басарш	[ʦhen basarʃ]

parfum (de/het)	духlи	[duhi]
eau de toilet (de)	туалетан хи	[tualetan hi]
lotion (de)	лосьон	[lɔsʲɔn]
eau de cologne (de)	латlар	[aathar]

oogschaduw (de)	тенеш	[teneʃ]
oogpotlood (het)	бlаргах хьокху къолам	[bɐargah hɔqu qhɔlam]
mascara (de)	тушь	[tuʃ]

lippenstift (de)	балдех хьокху хьакхар	[baldeh hɔqu haqar]
nagellak (de)	маlрат хьокху лак	[maɐrat hɔqu lak]
haarlak (de)	месашт хьокху лак	[mesaʃt hɔqu lak]

deodorant (de)	дезодарант	[dezɔdarant]
crème (de)	крем	[krem]
gezichtscrème (de)	юьхьах хьокху крем	[juhah hɔqu krem]
handcrème (de)	куьйгах хьокху крем	[kyjgah hɔqu krem]
antirimpelcrème (de)	хершнаш дуьхьал крем	[herʃnaʃ dyhal krem]
dag- (abn)	дийнан	[di:nan]
nacht- (abn)	буьйсанан	[byjsanan]
tampon (de)	тампон	[tampɔn]
toiletpapier (het)	хьаштагӏан кехат	[haʃtaɣan kehat]
föhn (de)	месашъякъорг	[mesaʃʼjaqhɔrg]

40. Horloges. Klokken

polshorloge (het)	пхьаьрсах доьхку сахьт	[phærsah døhku saht]
wijzerplaat (de)	циферблат	[ʦiferblat]
wijzer (de)	сахьтан цамза	[sahtan ʦamza]
metalen horlogeband (de)	сахьтан хӏоз	[sahtan hɔz]
horlogebandje (het)	ремешок	[remeʃɔk]
batterij (de)	батарейка	[batarejka]
leeg zijn (ww)	охьахаа	[ɔhaha:]
batterij vervangen	хийца	[hi:ʦa]
voorlopen (ww)	сихадала	[sihadala]
achterlopen (ww)	тӏехь лела	[theh lela]
wandklok (de)	пенах уллу сахьт	[penah ul:u saht]
zandloper (de)	гӏамаран сахьт	[ɣamaran saht]
zonnewijzer (de)	маьлхан сахьт	[mælhan saht]
wekker (de)	сомавоккху сахьт	[sɔmavɔk:u saht]
horlogemaker (de)	сахьтийн пхьар	[sahti:n phar]
repareren (ww)	тадан	[tadan]

ALLEDAAGSE ERVARING

41. Geld

geld (het)	ахча	[ahtʃa]
ruil (de)	хийцар	[hiːtsar]
koers (de)	мах	[mah]
geldautomaat (de)	банкомат	[baŋkɔmat]
muntstuk (de)	ахча	[ahtʃa]
dollar (de)	доллар	[dɔlːar]
euro (de)	евро	[evrɔ]
lire (de)	лира	[lira]
Duitse mark (de)	марка	[marka]
frank (de)	франк	[fraŋk]
pond sterling (het)	стерлингийн фунт	[sterliɲiːn funt]
yen (de)	йена	[jena]
schuld (geldbedrag)	декхар	[deqar]
schuldenaar (de)	декхархо	[deqarhɔ]
uitlenen (ww)	юхалург дала	[juhalurg dala]
lenen (geld ~)	юхалург эца	[juhalurg ɛtsa]
bank (de)	банк	[baŋk]
bankrekening (de)	счёт	[stʃɔt]
op rekening storten	счёт тӀедилла	[stʃɔt thedilːa]
opnemen (ww)	счёт тӀера схьаэца	[stʃɔt thera shaɘtsa]
kredietkaart (de)	кредитан карта	[kreditan karta]
baar geld (het)	карахь долу ахча	[karah dɔlu ahtʃa]
cheque (de)	чек	[tʃek]
een cheque uitschrijven	чёт язъян	[tʃɔt jazʰjan]
chequeboekje (het)	чекан книшка	[tʃekan kniʃka]
portefeuille (de)	бумаьштиг	[bumæʃtig]
geldbeugel (de)	бохча	[bɔhtʃa]
portemonnee (de)	портмоне	[pɔrtmɔne]
safe (de)	сейф	[sejf]
erfgenaam (de)	верас	[weras]
erfenis (de)	диснарг	[disnarg]
fortuin (het)	бахам	[baham]
huur (de)	аренда	[arenda]
huurprijs (de)	петаран мах	[petaran mah]
huren (huis, kamer)	лаца	[latsa]
prijs (de)	мах	[mah]
kostprijs (de)	мах	[mah]

som (de)	жамl	[ʒamə]
uitgeven (geld besteden)	дайа	[daja]
kosten (mv.)	харжаш	[harʒaʃ]
bezuinigen (ww)	довзо	[dɔvzɔ]
zuinig (bn)	девзаш долу	[devzaʃ dɔlu]

betalen (ww)	ахча дала	[ahtʃa dala]
betaling (de)	алапа далар	[alapa dalar]
wisselgeld (het)	юхадоrlург	[juhadɔɣurg]

belasting (de)	налог	[nalɔg]
boete (de)	гlуда	[ɣuda]
beboeten (bekeuren)	гlуда тоха	[ɣuda tɔha]

42. Post. Postkantoor

postkantoor (het)	пошт	[pɔʃt]
post (de)	пошт	[pɔʃt]
postbode (de)	почтальон	[pɔtʃtaʎɔn]
openingsuren (mv.)	белхан сахьташ	[belhan sahtaʃ]

brief (de)	кехат	[kehat]
aangetekende brief (de)	заказ дина кехат	[zakaz dina kehat]
briefkaart (de)	открытк	[ɔtkrɪtk]
telegram (het)	телеграмма	[telegram:a]
postpakket (het)	посылка	[pɔsɪlka]
overschrijving (de)	дlатесна ахча	[dəatesna ahtʃa]

ontvangen (ww)	схьаэца	[shaətsa]
sturen (zenden)	дlадахьийта	[dəadahi:ta]
verzending (de)	дlадахьийтар	[dəadahi:tar]

adres (het)	адрес	[adres]
postcode (de)	индекс	[indeks]
verzender (de)	дlадахьийтинарг	[dəadahi:tinarg]
ontvanger (de)	схьаэцархо	[shaətsarhɔ]
naam (de)	цlе	[tshe]
achternaam (de)	фамили	[famili]

tarief (het)	тариф	[tarif]
standaard (bn)	гуттарлера	[gut:arlera]
zuinig (bn)	кхоаме	[qɔame]

gewicht (het)	дозалла	[dɔzal:a]
afwegen (op de weegschaal)	оза	[ɔza]
envelop (de)	ботт	[bɔt:]
postzegel (de)	марка	[marka]

43. Bankieren

| bank (de) | банк | [baŋk] |
| bankfiliaal (het) | отделени | [ɔtdeleni] |

| bankbediende (de) | консультант | [kɔnsuʌtant] |
| manager (de) | урхалхо | [urhalho] |

bankrekening (de)	счёт	[stʃɔt]
rekeningnummer (het)	чотан номер	[tʃɔtan nɔmer]
lopende rekening (de)	карара чот	[karara tʃɔt]
spaarrekening (de)	накопительни чот	[nakɔpiteʌni tʃɔt]

een rekening openen	чот схьайелла	[tʃɔt shajel:a]
de rekening sluiten	чот дӀакъовла	[tʃɔt dəaqhɔvla]
op rekening storten	счёт тӀедилла	[stʃɔt thedil:a]
opnemen (ww)	счёт тӀера схьаэца	[stʃɔt thera shaətsa]

storting (de)	диллар	[dil:ar]
een storting maken	дилла	[dil:a]
overschrijving (de)	дахьийтар	[dahi:tar]
een overschrijving maken	дахьийта	[dahi:ta]

| som (de) | жамӀ | [ʒamə] |
| Hoeveel? | Мел? | [mel] |

| handtekening (de) | куьг | [kyg] |
| ondertekenen (ww) | куьг тало | [kyg taəɔ] |

kredietkaart (de)	кредитан карта	[kreditan karta]
code (de)	код	[kɔd]
kredietkaartnummer (het)	кредитан картан номер	[kreditan kartan nɔmer]
geldautomaat (de)	банкомат	[baŋkɔmat]

cheque (de)	чек	[tʃek]
een cheque uitschrijven	чек язъян	[tʃek jazʰjan]
chequeboekje (het)	чекан книшка	[tʃekan kniʃka]

lening, krediet (de)	кредит	[kredit]
een lening aanvragen	кредит дехар	[kredit dehar]
een lening nemen	кредит эца	[kredit ɛtsa]
een lening verlenen	кредит далар	[kredit dalar]
garantie (de)	юкъархилар	[juqharhilar]

44. Telefoon. Telefoongesprek

telefoon (de)	телефон	[telefɔn]
mobieltje (het)	мобильни телефон	[mɔbiʌni telefɔn]
antwoordapparaat (het)	автоответчик	[avto:twetʃik]

| bellen (ww) | детта | [det:a] |
| belletje (telefoontje) | горгали | [gɔrgali] |

een nummer draaien	номер эца	[nɔmer ɛtsa]
Hallo!	Алло!	[al:ɔ]
vragen (ww)	хатта	[hat:a]
antwoorden (ww)	жоп дала	[ʒɔp dala]
horen (ww)	хаза	[haza]
goed (bw)	дика ду	[dika du]

| slecht (bw) | вон ду | [vɔn du] |
| storingen (mv.) | новкъарлонаш | [nɔvqharlɔnaʃ] |

hoorn (de)	луьлла	[lyl:a]
opnemen (ww)	луьлла эца	[lyl:a ɛtsa]
ophangen (ww)	луьлла охьайилла	[lyl:a ɔhajil:a]

bezet (bn)	мукъа доцу	[muqha dɔtsu]
overgaan (ww)	етта	[et:a]
telefoonboek (het)	телефонан книга	[telefɔnan kniga]

| lokaal gesprek (het) | меттигара | [met:igara] |
| buitenlands (bn) | гӏаланашна юккъера | [ɣalanaʃna jukqhera] |

45. Mobiele telefoon

mobieltje (het)	мобильни телефон	[mɔbiʎni telefɔn]
scherm (het)	дисплей	[displej]
toets, knop (de)	кнопка	[knɔpka]
simkaart (de)	SIM-карта	[sim karta]

batterij (de)	батарей	[batarej]
leeg zijn (ww)	кхачадала	[qatʃadala]
acculader (de)	юзаран гӏирс	[juzaran ɣirs]

menu (het)	меню	[meny]
instellingen (mv.)	настройкаш	[nastrɔjkaʃ]
melodie (beltoon)	мукъам	[muqham]
selecteren (ww)	харжа	[harʒa]

rekenmachine (de)	калькулятор	[kaʎkuʎatɔr]
voicemail (de)	автоответчик	[avtɔ:twetʃik]
wekker (de)	сомавоккху сахьт	[sɔmavɔk:u saht]
contacten (mv.)	телефонан книга	[telefɔnan kniga]

| SMS-bericht (het) | SMS-хаам | [ɛsɛmɛs ha:m] |
| abonnee (de) | абонент | [abɔnent] |

46. Schrijfbehoeften

| balpen (de) | авторучка | [avtɔrutʃka] |
| vulpen (de) | перо | [perɔ] |

potlood (het)	къолам	[qhɔlam]
marker (de)	маркер	[marker]
viltstift (de)	фломастер	[flɔmaster]

| notitieboekje (het) | блокнот | [blɔknɔt] |
| agenda (boekje) | ежедневник | [eʒednevnik] |

| liniaal (de/het) | линейка | [linejka] |
| rekenmachine (de) | калькулятор | [kaʎkuʎatɔr] |

gom (de)	лаьстиг	[læstig]
punaise (de)	кнопка	[knɔpkɑ]
paperclip (de)	маlар	[mɑəɑr]

lijm (de)	клей	[klej]
nietmachine (de)	степлер	[stepler]
perforator (de)	Iуьргашдохург	[əyrgɑʃdɔhurg]
potloodslijper (de)	точилк	[tɔtʃilk]

47. Vreemde talen

taal (de)	мотт	[mɔt:]
vreemde taal (de)	кхечу мехкийн мотт	[qetʃu mehki:n mɔt:]
leren (bijv. van buiten ~)	Iамо	[əɑmɔ]
studeren (Nederlands ~)	Iамо	[əɑmɔ]

lezen (ww)	еша	[eʃɑ]
spreken (ww)	дийца	[di:tsɑ]
begrijpen (ww)	кхета	[qetɑ]
schrijven (ww)	яздан	[jazdɑn]

snel (bw)	сиха	[sihɑ]
langzaam (bw)	меллаша	[mel:ɑʃɑ]
vloeiend (bw)	парlат	[parɣat]

regels (mv.)	бакъонаш	[baqhɔnɑʃ]
grammatica (de)	грамматика	[gram:atikɑ]
vocabulaire (het)	лексика	[leksikɑ]
fonetiek (de)	фонетика	[fɔnetikɑ]

leerboek (het)	учебник	[utʃebnik]
woordenboek (het)	дошам, словарь	[dɔʃɑm], [slɔvari]
leerboek (het) voor zelfstudie	Iамалург	[əɑmɑlurg]
taalgids (de)	къамелIаморг	[qhameləɑmɔrg]

cassette (de)	кассета	[kas:etɑ]
videocassette (de)	видеокассета	[widɔkas:etɑ]
CD (de)	CD	[sidi]
DVD (de)	DVD	[diwidi]

alfabet (het)	алфавит	[alfawit]
spellen (ww)	элпашц мотт бийца	[ɛlpaʃts mɔt: bi:tsɑ]
uitspraak (de)	алар	[alar]

accent (het)	акцент	[aktsent]
met een accent (bw)	акцент	[aktsent]
zonder accent (bw)	акцент ца хила	[aktsent tsa hilɑ]

woord (het)	дош	[dɔʃ]
betekenis (de)	маьна	[mæənɑ]

cursus (de)	курсаш	[kursɑʃ]
zich inschrijven (ww)	дlаяздала	[dəɑjazdalɑ]
leraar (de)	хьехархо	[heharhɔ]

vertaling (een ~ maken)	дахьийтар	[dɑhi:tɑr]
vertaling (tekst)	гоч дар	[gɔʧ dɑr]
vertaler (de)	талмаж	[tɑlmɑʒ]
tolk (de)	талмаж	[tɑlmɑʒ]
polyglot (de)	полиглот	[pɔliglɔt]
geheugen (het)	эс	[ɛs]

MAALTIJDEN. RESTAURANT

48. Tafelschikking

lepel (de)	Iайг	[əɑjg]
mes (het)	урс	[urs]
vork (de)	мIара	[meɑrɑ]
kopje (het)	кад	[kɑd]
bord (het)	бошхап	[bɔʃhɑp]
schoteltje (het)	бошхап	[bɔʃhɑp]
servet (het)	салфетка	[sɑlfetkɑ]
tandenstoker (de)	цергахъIуттург	[tsergɑhʰəut:urg]

49. Restaurant

restaurant (het)	ресторан	[restɔrɑn]
koffiehuis (het)	кофейни	[kɔfejni]
bar (de)	бар	[bɑr]
tearoom (de)	чайнан салон	[ʧɑjnɑn sɑlɔn]
kelner, ober (de)	официант	[ɔfitsiɑnt]
serveerster (de)	официантка	[ɔfitsiɑntkɑ]
barman (de)	бармен	[bɑrmen]
menu (het)	меню	[meny]
wijnkaart (de)	чаӀаран карта	[ʧɑɣɑrɑn kɑrtɑ]
een tafel reserveren	стол цхьанна тIехь чIарIдан	[stɔl tshɑnɑ theh ʧhɑɣdɑn]
gerecht (het)	даар	[dɑːr]
bestellen (eten ~)	заказ ян	[zɑkɑz jɑn]
een bestelling maken	заказ ян	[zɑkɑz jɑn]
aperitief (de/het)	аперетив	[ɑperetiv]
voorgerecht (het)	тIекхоллург	[theqɔl:urg]
dessert (het)	десерт	[desert]
rekening (de)	счёт	[stʃɔt]
de rekening betalen	счётан мах бала	[stʃɔtɑn mɑh bɑlɑ]
wisselgeld teruggeven	юхадоӀург дала	[juhadɔɣurg dɑlɑ]
fooi (de)	чайнна хIума	[ʧɑjɲɑ humɑ]

50. Maaltijden

eten (het)	даар	[dɑːr]
eten (ww)	яаа	[jɑːː]

ontbijt (het)	марта	[marta]
ontbijten (ww)	марта даа	[marta da:]
lunch (de)	делкъан кхача	[delqhan qatʃa]
lunchen (ww)	делкъана хӀума яа	[delqhana huma ja:]
avondeten (het)	пхьор	[phɔr]
souperen (ww)	пхьор дан	[phɔr dan]

eetlust (de)	аппетит	[ap:etit]
Eet smakelijk!	ГӀоза доийла!	[ɣɔza dɔi:la]

openen (een fles ~)	схьаела	[shaela]
morsen (koffie, enz.)	Ӏано	[əanɔ]
zijn gemorst	Ӏана	[əana]

koken (water kookt bij 100°C)	кхехка	[qehka]
koken (Hoe om water te ~)	кхехко	[qehkɔ]
gekookt (~ water)	кхехкийна	[qehki:na]
afkoelen (koeler maken)	шелдан	[ʃeldan]
afkoelen (koeler worden)	шелдала	[ʃeldala]

smaak (de)	чам	[tʃam]
nasmaak (de)	кхин чам	[qin tʃam]

volgen een dieet	аздала	[azdala]
dieet (het)	диета	[dieta]
vitamine (de)	втамин	[vtamin]
calorie (de)	калорий	[kalɔri:]
vegetariër (de)	дилхазахо	[dilhazaho]
vegetarisch (bn)	дилхаза	[dilhaza]

vetten (mv.)	дилхдаьтта	[dilhdæt:a]
eiwitten (mv.)	кӀайн хӀоа	[k:ajn hɔa]
koolhydraten (mv.)	углеводаш	[uglevɔdaʃ]
snede (de)	цастар	[tsastar]
stuk (bijv. een ~ taart)	юьхк	[juhk]
kruimel (de)	цуьрг	[tsyrg]

51. Bereide gerechten

gerecht (het)	даар	[da:r]
keuken (bijv. Franse ~)	даарш	[da:rʃ]
recept (het)	рецепт	[retsept]
portie (de)	порци	[pɔrtsi]

salade (de)	салат	[salat]
soep (de)	чорпа	[tʃɔrpa]

bouillon (de)	чорпа	[tʃɔrpa]
boterham (de)	бутерброд	[buterbrɔd]
spiegelei (het)	хӀоаш	[hɔaʃ]

hamburger (de)	котлет	[kɔtlet]
hamburger (de)	гамбургер	[gamburger]
biefstuk (de)	бифштекс	[bifʃteks]

hutspot (de)	гӀурма	[ɣurma]
garnering (de)	гарнир	[garnir]
spaghetti (de)	спагетти	[spaget:i]
aardappelpuree (de)	картолийн худар .	[kartɔli:n hudar]
pizza (de)	пицца	[pitsa]
pap (de)	худар	[hudar]
omelet (de)	омлет	[ɔmlet]

gekookt (in water)	кхехкийна	[qehki:na]
gerookt (bn)	кхаьгна	[qæɡna]
gebakken (bn)	кхерзина	[qerzina]
gedroogd (bn)	дакъийна	[daqhi:na]
diepvries (bn)	гӀорийна	[ɣori:na]
gemarineerd (bn)	берамала доьллина	[beramala døl:ina]

zoet (bn)	мерза	[merza]
gezouten (bn)	дуьра	[dyra]
koud (bn)	шийла	[ʃi:la]
heet (bn)	довха	[dɔvha]
bitter (bn)	къаьхьа	[qhæha]
lekker (bn)	чоме	[tʃɔme]

koken (in kokend water)	кхехко	[qehkɔ]
bereiden (avondmaaltijd ~)	кечдан	[ketʃdan]
bakken (ww)	кхарза	[qarza]
opwarmen (ww)	дохдан	[dɔhdan]

zouten (ww)	туьха таса	[tyha tasa]
peperen (ww)	бурч таса	[burtʃ tasa]
raspen (ww)	сатоха	[satɔha]
schil (de)	чкъуьйриг	[tʃqhyjrig]
schillen (ww)	цӀанъян	[tshanʰjan]

52. Voedsel

vlees (het)	жижиг	[ʒiʒig]
kip (de)	котам	[kɔtam]
kuiken (het)	кӀорни	[k:ɔrni]
eend (de)	бад	[bad]
gans (de)	гӀаз	[ɣaz]
wild (het)	экха	[ɛqa]
kalkoen (de)	москал-котам	[mɔskal kɔtam]

varkensvlees (het)	хьакхин жижиг	[haqin ʒiʒig]
kalfsvlees (het)	эсан жижиг	[ɛsan ʒiʒig]
schapenvlees (het)	уьстагӀан жижиг	[ystaɣan ʒiʒig]
rundvlees (het)	бежанан жижиг	[beʒanan ʒiʒig]
konijnenvlees (het)	пхьагал	[phagal]

worst (de)	марш	[marʃ]
saucijs (de)	йоьхь	[jøh]
spek (het)	бекон	[bekɔn]
ham (de)	дакъийна хьакхин жижиг	[daqhi:na haqin ʒiʒig]
gerookte achterham (de)	хьакхин гӀорӀ	[haqin ɣɔɣ]

paté, pastei (de)	паштет	[paʃtet]
lever (de)	долах	[dɔəah]
varkensvet (het)	хьакхин дума	[haqin duma]
gehakt (het)	аьхьана жижиг	[æhana ʒiʒig]
tong (de)	мотт	[mɔt:]

ei (het)	хIоа	[hɔa]
eieren (mv.)	хIоаш	[hɔaʃ]
eiwit (het)	кIайн хIоа	[k:ajn hɔa]
eigeel (het)	буьйра	[byjra]

vis (de)	чIара	[tʃhara]
zeevruchten (mv.)	хIордан сурсаташ	[hɔrdan sursataʃ]
kaviaar (de)	зирх	[zirh]

krab (de)	краб	[krab]
garnaal (de)	креветка	[krewetka]
oester (de)	устрица	[ustritsa]
langoest (de)	лангуст	[laŋust]
octopus (de)	бархIкогберг	[barhkɔgberg]
inktvis (de)	кальмар	[kaʎmar]

steur (de)	ирргIу	[irɣu]
zalm (de)	лосось	[lɔsɔsʲ]
heilbot (de)	палтус	[paltus]

kabeljauw (de)	треска	[treska]
makreel (de)	скумбри	[skumbri]
tonijn (de)	тунец	[tunets]
paling (de)	жIаьлин чIара	[ʒəælin tʃhara]

forel (de)	бакъ чIара	[baqh tʃhara]
sardine (de)	сардина	[sardina]
snoek (de)	гIазкхийн чIара	[ɣazqi:n tʃhara]
haring (de)	сельдь	[seʎdʲ]

brood (het)	бепиг	[bepig]
kaas (de)	нехча	[nehtʃa]
suiker (de)	шекар	[ʃəkar]
zout (het)	туьха	[tyha]

rijst (de)	дуга	[duga]
pasta (de)	макаронаш	[makarɔnaʃ]
noedels (mv.)	гарзанаш	[garzanaʃ]

boter (de)	налха	[nalha]
plantaardige olie (de)	ораматийн даьтта	[ɔramati:n dæt:a]
zonnebloemolie (de)	хIун даьтта	[hun dæt:a]
margarine (de)	маргарин	[margarin]

| olijven (mv.) | оливкаш | [ɔlivkaʃ] |
| olijfolie (de) | оливкан даьтта | [ɔlivkan dæt:a] |

melk (de)	шура	[ʃura]
gecondenseerde melk (de)	юкъйина шура	[juqhjina ʃura]
yoghurt (de)	йогурт	[jogurt]

| zure room (de) | тlо | [thɔ] |
| room (de) | глаймакх | [ɣajmɑq] |

| mayonaise (de) | майнез | [mɑjnez] |
| crème (de) | крем | [krem] |

graan (het)	lов	[əɔv]
meel (het), bloem (de)	дама	[dɑmɑ]
conserven (mv.)	консерваш	[kɔnservɑʃ]

maïsvlokken (mv.)	хьаьжкlийн чуьппалгаш	[hæʒk:i:n ʧyp:ɑlgɑʃ]
honing (de)	моз	[mɔz]
jam (de)	джем	[dʒem]
kauwgom (de)	cerlaз	[seɣɑz]

53. Drankjes

water (het)	хи	[hi]
drinkwater (het)	молу хи	[mɔlu hi]
mineraalwater (het)	дарбане хи	[dɑrbɑne hi]

zonder gas	газ йоцуш	[gɑz jotsuʃ]
koolzuurhoudend (bn)	газ тоьхна	[gɑz tøhnɑ]
bruisend (bn)	газ йолуш	[gɑz joluʃ]
IJs (het)	ша	[ʃɑ]
met ijs	ша болуш	[ʃɑ bɔluʃ]

alcohol vrij (bn)	алкоголь йоцу	[ɑlkɔgɔʎ jotsu]
alcohol vrije drank (de)	алкоголь йоцу маларш	[ɑlkɔgɔʎ jotsu mɑlarʃ]
frisdrank (de)	хьогаллин малар	[hɔgɑl:in mɑlar]
limonade (de)	лимонад	[limɔnɑd]

alcoholische dranken (mv.)	алкоголь йолу маларш	[ɑlkɔgɔʎ jolu mɑlarʃ]
wijn (de)	чarlap	[ʧɑɣɑr]
witte wijn (de)	кlай чarlap	[k:ɑj ʧɑɣɑr]
rode wijn (de)	цlен чarlap	[tshen ʧɑɣɑr]

likeur (de)	ликёр	[likɜr]
champagne (de)	шампански	[ʃɑmpɑnski]
vermout (de)	вермут	[wermut]

whisky (de)	виски	[wiski]
wodka (de)	къаьракъа	[qhæraqhɑ]
gin (de)	джин	[dʒin]
cognac (de)	коньяк	[kɔɲjɑk]
rum (de)	ром	[rɔm]

koffie (de)	къахьо	[qhɑhɔ]
zwarte koffie (de)	lаьржа къахьо	[əærʒɑ qhɑhɔ]
koffie (de) met melk	шура тоьхна къахьо	[ʃurɑ tøhnɑ qhɑhɔ]
cappuccino (de)	глаймакх тоьхна къахьо	[ɣajmɑq tøhnɑ qhɑhɔ]
oploskoffie (de)	дешаш долу къахьо	[deʃɑʃ dɔlu qhɑhɔ]
melk (de)	шура	[ʃurɑ]
cocktail (de)	коктейль	[kɔktejʎ]

milkshake (de)	шурин коктейль	[ʃurin kɔktejʎ]
sap (het)	мутта	[mut:a]
tomatensap (het)	помидорийн мутта	[pɔmidɔri:n mut:a]
sinaasappelsap (het)	апельсинан мутта	[apeʎsinan mut:a]
vers geperst sap (het)	керла йаккха мутта	[kerla jak:a mut:a]

bier (het)	йий	[ji:]
licht bier (het)	сирла йий	[sirla ji:]
donker bier (het)	lаьржа йий	[əærʒa ji:]

thee (de)	чай	[tʃaj]
zwarte thee (de)	lаьржа чай	[əærʒa tʃaj]
groene thee (de)	баьццара чай	[bætsara tʃaj]

54. Groenten

| groenten (mv.) | хасстоьмаш | [has:tømaʃ] |
| verse kruiden (mv.) | гlабуц | [ɣabuts] |

tomaat (de)	помидор	[pɔmidɔr]
augurk (de)	наьрс	[nærs]
wortel (de)	жlонка	[ʒəɔŋka]
aardappel (de)	картол	[kartɔl]
ui (de)	хох	[hoh]
knoflook (de)	саьрмасекх	[særmaseq]

kool (de)	копаста	[kɔpasta]
bloemkool (de)	къорза копаста	[qhɔrza kɔpasta]
spruitkool (de)	брюссельски копаста	[brys:eʎski kɔpasta]
broccoli (de)	брокколи копаст	[brɔk:ɔli kɔpast]

rode biet (de)	бурак	[burak]
aubergine (de)	баклажан	[baklaʒan]
courgette (de)	кабачок	[kabatʃɔk]
pompoen (de)	гlабакх	[ɣabaq]
raap (de)	хорсам	[horsam]

peterselie (de)	чам-буц	[tʃam buts]
dille (de)	оччам	[ɔtʃam]
sla (de)	салат	[salat]
selderij (de)	сельдерей	[seʎderej]

| asperge (de) | спаржа | [sparʒa] |
| spinazie (de) | шпинат | [ʃpinat] |

| erwt (de) | кхоьш | [qøʃ] |
| bonen (mv.) | кхоьш | [qøʃ] |

| maïs (de) | хьаьжкlа | [hæʒk:a] |
| boon (de) | кхоь | [qø] |

peper (de)	бурч	[burtʃ]
radijs (de)	цlен хорсам	[tshen horsam]
artisjok (de)	артишок	[artiʃɔk]

55. Vruchten. Noten

vrucht (de)	стом	[stɔm]
appel (de)	лаж	[əaӡ]
peer (de)	кхор	[qɔr]
citroen (de)	лимон	[limɔn]
sinaasappel (de)	апельсин	[apeʌsin]
aardbei (de)	цlазам	[tshazam]

mandarijn (de)	мандарин	[mandarin]
pruim (de)	хьач	[hatʃ]
perzik (de)	rlаммаrlа	[ɣam:aɣa]
abrikoos (de)	туьрк	[tyrk]
framboos (de)	комар	[kɔmar]
ananas (de)	ананас	[ananas]

banaan (de)	банан	[banan]
watermeloen (de)	хорбаз	[horbaz]
druif (de)	кемсаш	[kemsaʃ]
kers (de)	балл	[bal:]
meloen (de)	rlабакх	[ɣabaq]

grapefruit (de)	грейпфрут	[grejpfrut]
avocado (de)	авокадо	[avɔkadɔ]
papaja (de)	папайя	[papaja]
mango (de)	манго	[maŋɔ]
granaatappel (de)	гранат	[granat]

rode bes (de)	цlен кхезарш	[tshen qezarʃ]
zwarte bes (de)	lаьржа кхезарш	[əærӡa qezarʃ]
kruisbes (de)	кlудалгаш	[k:udalgaʃ]
bosbes (de)	lаьржа балл	[əærӡa bal:]
braambes (de)	мангалкомар	[maŋalkɔmar]

rozijn (de)	кишмаш	[kiʃmaʃ]
vijg (de)	инжир	[inӡir]
dadel (de)	хурма	[hurma]

pinda (de)	орахис	[ɔrahis]
amandel (de)	миндаль	[mindaʎ]
walnoot (de)	бочаблар	[botʃabəar]
hazelnoot (de)	хlунан блар	[hunan bəar]
kokosnoot (de)	кокосови блар	[kɔkɔsɔwi bəar]
pistaches (mv.)	фисташкаш	[fistaʃkaʃ]

56. Brood. Snoep

suikerbakkerij (de)	кхачанан хlуманаш	[qatʃanan humanaʃ]
brood (het)	бепиг	[bepig]
koekje (het)	пичени	[pitʃeni]

| chocolade (de) | шоколад | [ʃɔkɔlad] |
| chocolade- (abn) | шоколадан | [ʃɔkɔladan] |

snoepje (het)	кемпет	[kempet]
cakeje (het)	пирожни	[pirɔʒni]
taart (bijv. verjaardags~)	торт	[tɔrt]

pastei (de)	чуда	[ʧudɑ]
vulling (de)	чуйоьллинарг	[ʧujøl:inɑrg]

confituur (de)	варени	[vɑreni]
marmelade (de)	мармелад	[mɑrmelɑd]
wafel (de)	вафлеш	[vɑfleʃ]
IJsje (het)	морожени	[mɔrɔʒeni]

57. Kruiden

zout (het)	туьха	[tyha]
gezouten (bn)	дуьра	[dyrɑ]
zouten (ww)	туьха таса	[tyha tɑsɑ]

zwarte peper (de)	ɪаьржа бурч	[əærʒɑ burʧ]
rode peper (de)	цІен бурч	[tshen burʧ]
mosterd (de)	кІолла	[k:ɔl:ɑ]
mierikswortel (de)	кІон орам	[k:ɔn ɔrɑm]

condiment (het)	чамбийриг	[ʧambi:rig]
specerij , kruiderij (de)	мерза юург	[merzɑ ju:rg]
saus (de)	берам	[berɑm]
azijn (de)	къонза	[qhɔnzɑ]

anijs (de)	анис	[ɑnis]
basilicum (de)	базилик	[bɑzilik]
kruidnagel (de)	гвоздика	[gvɔzdikɑ]
gember (de)	ɪамбар	[əambɑr]
koriander (de)	кориандр	[kɔriɑndr]
kaneel (de/het)	корица	[kɔritsɑ]

sesamzaad (het)	кунжут	[kunʒut]
laurierblad (het)	лавран гІа	[lɑvrɑn ɣɑ]
paprika (de)	паприка	[pɑprikɑ]
komijn (de)	циц	[tsits]
saffraan (de)	шафран	[ʃɑfrɑn]

PERSOONLIJKE INFORMATIE. FAMILIE

58. Persoonlijke informatie. Formulieren

naam (de)	цӏе	[tʃhe]
achternaam (de)	фамили	[famili]
geboortedatum (de)	вина терахь	[wina terah]
geboorteplaats (de)	вина меттиг	[wina metːig]

nationaliteit (de)	къам	[qham]
woonplaats (de)	веха меттиг	[weha metːig]
land (het)	мохк	[mɔhk]
beroep (het)	говзалла	[gɔvzalːa]

geslacht (ov. het vrouwelijk ~)	стен-боьршалла	[sten børʃalːa]
lengte (de)	локхалла	[lɔqalːa]
gewicht (het)	дозалла	[dɔzalːa]

59. Familieleden. Verwanten

moeder (de)	нана	[nana]
vader (de)	да	[da]
zoon (de)	воl	[vɔə]
dochter (de)	йоl	[jɔə]

jongste dochter (de)	жимаха йоl	[ʒimaha jɔə]
jongste zoon (de)	жимаха воl	[ʒimaha vɔə]
oudste dochter (de)	йоккхаха йоl	[jokːaha jɔə]
oudste zoon (de)	воккхаха воl	[vɔkːaha vɔə]

| broer (de) | ваша | [vaʃa] |
| zuster (de) | йиша | [jıʃa] |

neef (zoon van oom/tante)	шича	[ʃitʃa]
nicht (dochter van oom/tante)	шича	[ʃitʃa]
mama (de)	нана	[nana]
papa (de)	дада	[dada]
ouders (mv.)	да-нана	[da nana]
kind (het)	бер	[ber]
kinderen (mv.)	бераш	[beraʃ]

oma (de)	баба	[baba]
opa (de)	дада	[dada]
kleinzoon (de)	кӏентан, йолан кӏант	[kːentan], [joəan kːant]
kleindochter (de)	кӏентан, йолан йоl	[kːentan], [joəan jɔə]
kleinkinderen (mv.)	кӏентан, йолан бераш	[kːentan], [joəan beraʃ]
oom (de)	ден ваша, ненан ваша	[den vaʃa], [nenan vaʃa]

tante (de)	деца, неца	[detsa], [netsa]
neef (zoon van broer/zus)	вешин кӀант, йишин кӀант	[weʃin k:ant], [jiʃin k:ant]
nicht (dochter van broer/zus)	вешин йоӀ, йишин йоӀ	[weʃin joə], [jiʃin joə]
schoonmoeder (de)	стуннана	[stuŋana]
schoonvader (de)	марда	[marda]
schoonzoon (de)	нуц	[nuts]
stiefmoeder (de)	десте	[deste]
stiefvader (de)	ненан майра	[nenan majra]
zuigeling (de)	декхаш долу бер	[deqaʃ dolu ber]
wiegenkind (het)	бер	[ber]
kleuter (de)	жиманиг	[ʒimanig]
vrouw (de)	зуда	[zuda]
man (de)	майра	[majra]
echtgenoot (de)	майра	[majra]
echtgenote (de)	сесаг	[sesag]
gehuwd (mann.)	зуда ялийна	[zuda jali:na]
gehuwd (vrouw.)	марехь	[mareh]
ongehuwd (mann.)	зуда ялоза	[zuda jaloza]
vrijgezel (de)	зуда йоцург	[zuda jotsurg]
gescheiden (bn)	йитина	[jitina]
weduwe (de)	жеро	[ʒerɔ]
weduwnaar (de)	жера-стаг	[ʒera stag]
familielid (het)	гергара стаг	[gergara stag]
dichte familielid (het)	юххера гергара стаг	[juhera gergara stag]
verre familielid (het)	генара гергара стаг	[genara gergara stag]
familieleden (mv.)	гергара нах	[gergara nah]
wees (de), weeskind (het)	бо	[bɔ]
voogd (de)	верас	[weras]
adopteren (een jongen te ~)	кӀантан хӀотта	[k:antan hɔt:a]
adopteren (een meisje te ~)	йоьӀан да хӀотта	[jøən da hɔt:a]

60. Vrienden. Collega's

vriend (de)	доттагӀ	[dɔt:aɣ]
vriendin (de)	доттагӀ	[dɔt:aɣ]
vriendschap (de)	доттагӀалла	[dɔt:aɣal:a]
bevriend zijn (ww)	доттагӀалла лело	[dɔt:aɣal:a lelɔ]
makker (de)	доттагӀ	[dɔt:aɣ]
vriendin (de)	доттагӀ	[dɔt:aɣ]
partner (de)	декъашхо	[deqhaʃho]
chef (de)	куьйгалхо	[kyjgalho]
baas (de)	хьаькам	[hækam]
ondergeschikte (de)	муьтӀахь верг	[mythah werg]
collega (de)	коллега	[kɔl:ega]
kennis (de)	вевза стаг	[wevza stag]
medereiziger (de)	некъаннакъост	[neqhaŋaqhɔst]

klasgenoot (de)	классхо	[klɑs:ho]
buurman (de)	лулахо	[lulɑho]
buurvrouw (de)	лулахо	[lulɑho]
buren (mv.)	лулахой	[lulɑhoj]

MENSELIJK LICHAAM. GENEESKUNDE

61. Hoofd

hoofd (het)	корта	[kɔrta]
gezicht (het)	юьхь	[juh]
neus (de)	мара	[mara]
mond (de)	бага	[baga]
oog (het)	блаьрга	[bəærga]
ogen (mv.)	блаьргаш	[bəærgaʃ]
pupil (de)	йолблаьрг	[joəbəærg]
wenkbrauw (de)	цӏоцкъам	[tshɔtsqham]
wimper (de)	бларган неглаьрийн чоьш	[bəargan neɣari:n tʃøʃ]
ooglid (het)	блаьрганеглап	[bəærganeɣar]
tong (de)	мотт	[mɔt:]
tand (de)	церг	[tserg]
lippen (mv.)	балдаш	[baldaʃ]
jukbeenderen (mv.)	блаьрадаьлахкаш	[bəæradæəahkaʃ]
tandvlees (het)	доьлаш	[dølaʃ]
gehemelte (het)	стигал	[stigal]
neusgaten (mv.)	меран Iуьргаш	[meran əyrgaʃ]
kin (de)	чӏениг	[tʃhenig]
kaak (de)	мочхал	[mɔtʃhal]
wang (de)	бесни	[besni]
voorhoofd (het)	хьаж	[haʒ]
slaap (de)	лергаюх	[lergajuh]
oor (het)	лерг	[lerg]
achterhoofd (het)	кӏесаркӏаг	[k:esark:ag]
hals (de)	ворта	[vɔrta]
keel (de)	къамкъарг	[qhamqharg]
haren (mv.)	месаш	[mesaʃ]
kapsel (het)	тойина месаш	[tɔjina mesaʃ]
haarsnit (de)	месаш дӏахедор	[mesaʃ dəahedɔr]
pruik (de)	парик	[parik]
snor (de)	мекхаш	[meqaʃ]
baard (de)	маж	[maʒ]
dragen (een baard, enz.)	лело	[lelɔ]
vlecht (de)	кӏажар	[k:aʒar]
bakkebaarden (mv.)	бакенбардаш	[bakenbardaʃ]
ros (roodachtig, rossig)	хьаьрса	[hærsa]
grijs (~ haar)	къоьжа	[qhøʒa]
kaal (bn)	кӏунзал	[k:unzal]
kale plek (de)	кӏунзал	[k:unzal]

| paardenstaart (de) | цӏога | [tshɔga] |
| pony (de) | кӏужал | [k:uʒal] |

62. Menselijk lichaam

| hand (de) | тӏара | [thara] |
| arm (de) | куьйг | [kyjg] |

vinger (de)	пӏелг	[phelg]
duim (de)	нана пӏелг	[nana phelg]
pink (de)	цӏаза-пӏелг	[tshaza phelg]
nagel (de)	мӏара	[məara]

vuist (de)	буй	[buj]
handpalm (de)	кераюкъ	[kerajuqh]
pols (de)	куьйган хьакхолг	[kyjgan haqɔlg]
voorarm (de)	пхьарс	[phars]
elleboog (de)	гола	[gɔla]
schouder (de)	белш	[belʃ]

been (rechter ~)	ког	[kɔg]
voet (de)	коган кӏело	[kɔgan k:elɔ]
knie (de)	гола	[gɔla]
kuit (de)	пхьид	[phid]
heup (de)	варе	[vare]
hiel (de)	кӏажа	[k:aʒa]

lichaam (het)	дегӏ	[deɣ]
buik (de)	гай	[gaj]
borst (de)	накха	[naqa]
borst (de)	накха	[naqa]
zijde (de)	агӏо	[aɣɔ]
rug (de)	букъ	[buqh]
lage rug (de)	хоттарш	[hot:arʃ]
taille (de)	гӏодаюкъ	[ɣɔdajuqh]

navel (de)	цӏонга	[tshɔŋa]
billen (mv.)	хенан маьиг	[henan mææig]
achterwerk (het)	тӏехье	[thehe]

huidvlek (de)	кӏеда	[k:eda]
moedervlek (de)	минга	[miŋa]
tatoeage (de)	дагар	[dagar]
litteken (het)	мо	[mɔ]

63. Ziekten

ziekte (de)	лазар	[lazar]
ziek zijn (ww)	цомгуш хила	[tsɔmguʃ hila]
gezondheid (de)	могушалла	[mɔguʃal:a]
snotneus (de)	шелвалар	[ʃelvalar]
angina (de)	ангина	[aŋina]

verkoudheid (de)	шелдалар	[ʃəldalar]
verkouden raken (ww)	шелдала	[ʃəldala]

bronchitis (de)	бронхит	[brɔnhit]
longontsteking (de)	пехашна хьу кхетар	[pehaʃna hu qetar]
griep (de)	грипп	[grip:]

bijziend (bn)	бӀорзагал	[bəɔrzagal]
verziend (bn)	генара гун	[genara gun]
scheelheid (de)	бӀарӀапа хилар	[bəaɣara hilar]
scheel (bn)	бӀарӀапа	[bəaɣara]
grauwe staar (de)	бӀаьрган марха	[bəærgan marha]
glaucoom (het)	глаукома	[glaukɔma]

beroerte (de)	инсульт	[insuʌt]
hartinfarct (het)	дог датӀап	[dɔg dathar]
myocardiaal infarct (het)	миокардан инфаркт	[miɔkardan infarkt]
verlamming (de)	энаш лацар	[ɛnaʃ latsar]
verlammen (ww)	энаша лаца	[ɛnaʃa latsa]

allergie (de)	аллергий	[al:ergi:]
astma (de/het)	астма	[astma]
diabetes (de)	диабет	[diabet]

tandpijn (de)	цергийн лазар	[tsergi:n lazar]
tandbederf (het)	кариес	[karies]

diarree (de)	диарея	[diareja]
constipatie (de)	чо юкъялар	[tʃo juqhjalar]
maagstoornis (de)	чохьлазар	[tʃɔhlazar]
voedselvergiftiging (de)	отравлени	[ɔtravleni]
voedselvergiftiging oplopen	кхачанан отравлени	[qatʃanan ɔtravleni]

artritis (de)	артрит	[artrit]
rachitis (de)	рахит-цамгар	[rahit tsamgar]
reuma (het)	энаш	[ɛnaʃ]
arteriosclerose (de)	атеросклероз	[aterɔsklerɔz]

gastritis (de)	гастрит	[gastrit]
blindedarmontsteking (de)	сов йоьхь дестар	[sɔv jøh destar]
galblaasontsteking (de)	холецистит	[hɔletsistit]
zweer (de)	дал	[daə]

mazelen (mv.)	кхартанаш	[qartanaʃ]
rodehond (de)	хьара	[hara]
geelzucht (de)	маждар	[maʒdar]
leverontsteking (de)	гепатит	[gepatit]

schizofrenie (de)	шизофрени	[ʃizɔfreni]
dolheid (de)	хьарадалар	[haradalar]
neurose (de)	невроз	[nevrɔz]
hersenschudding (de)	хье лазор	[he lazɔr]

kanker (de)	дал	[daə]
sclerose (de)	склероз	[sklerɔz]
multiple sclerose (de)	тидаме доцу	[tidame dɔtsu]

alcoholisme (het)	алкоголан цамгар	[alkɔgolan ʦamgar]
alcoholicus (de)	алкоголхо	[alkɔgolho]
syfilis (de)	чIурамцамгар	[ʧhuramʦamgar]
AIDS (de)	СПИД	[spid]

tumor (de)	дестар	[destar]
kwaadaardig (bn)	кхераме	[qerame]
goedaardig (bn)	зуламе доцу	[zulame dɔʦu]

koorts (de)	хорша	[horʃa]
malaria (de)	хорша	[horʃa]
gangreen (het)	гангрена	[gaɲrena]
zeeziekte (de)	хIорд хьахар	[hɔrd hahar]
epilepsie (de)	эпилепси	[ɛpilepsi]

epidemie (de)	ун	[un]
tyfus (de)	тиф	[tif]
tuberculose (de)	йовхарийн цамгар	[jovhari:n ʦamgar]
cholera (de)	чоьнан ун	[ʧønan un]
pest (de)	Iаьржа ун	[əærʒa un]

64. Symptomen. Behandelingen. Deel 1

symptoom (het)	билгало	[bilgalɔ]
temperatuur (de)	температура	[temperatura]
verhoogde temperatuur (de)	лекха температур	[leqa temperatur]
polsslag (de)	синпха	[sinpha]

duizeling (de)	корта хьовзар	[kɔrta hɔvzar]
heet (erg warm)	довха	[dɔvha]
koude rillingen (mv.)	шелона дегадар	[ʃelɔna degadar]
bleek (bn)	беда	[beda]

hoest (de)	йовхарш	[jovharʃ]
hoesten (ww)	йовхарш етта	[jovharʃ et:a]
niezen (ww)	хьоршамаш детта	[horʃamaʃ det:a]
flauwte (de)	дог вон хилар	[dɔg vɔn hilar]
flauwvallen (ww)	дог кIадделла охьавожа	[dɔg k:ad:el:a ɔhavɔʒa]

blauwe plek (de)	Iаржарг	[əarʒdarg]
buil (de)	бIара	[bəara]
zich stoten (ww)	дIакхета	[dəaqeta]
kneuzing (de)	дIатохар	[dəatɔhar]
kneuzen (gekneusd zijn)	дIакхета	[dəaqeta]

hinken (ww)	астагIлелха	[astaɣlelha]
verstuiking (de)	чуьрдаккхар	[ʧyrdak:ar]
verstuiken (enkel, enz.)	чуьрдаккхар	[ʧyrdak:ar]
breuk (de)	кагдалар	[kagdalar]
een breuk oplopen	кагдар	[kagdar]

snijwond (de)	хадор	[hadɔr]
zich snijden (ww)	хада	[hada]
bloeding (de)	цIий эхар	[ʦhi: ɛhar]

| brandwond (de) | дагор | [dagɔr] |
| zich branden (ww) | даго | [dagɔ] |

prikken (ww)	Iотта	[əot:a]
zich prikken (ww)	Iоттадала	[əot:adala]
blesseren (ww)	лазо	[lazɔ]
blessure (letsel)	лазор	[lazɔr]
wond (de)	чов	[ʧɔv]
trauma (het)	лазор	[lazɔr]

IJlen (ww)	харц лен	[harts len]
stotteren (ww)	толкха лен	[tɔlqa len]
zonnesteek (de)	малх хьахар	[malh hahar]

65. Symptomen. Behandelingen. Deel 2

| pijn (de) | лазар | [lazar] |
| splinter (de) | сирхат | [sirhat] |

zweet (het)	хьацар	[hatsar]
zweten (ww)	хьацар дала	[hatsar dala]
braking (de)	Iеттор	[əet:ɔr]
stuiptrekkingen (mv.)	пхенаш озор	[phenaʃ ɔzɔr]

zwanger (bn)	берахниг	[berahnig]
geboren worden (ww)	хила	[hila]
geboorte (de)	бер хилар	[ber hilar]
baren (ww)	бер дар	[ber dar]
abortus (de)	аборт	[abɔrt]

ademhaling (de)	са дахар	[sa dahar]
inademing (de)	са чуозар	[sa ʧuozar]
uitademing (de)	са арахецар	[sa arahetsar]
uitademen (ww)	са арахеца	[sa arahetsa]
inademen (ww)	са чуоза	[sa ʧuoza]

invalide (de)	заьлапхо	[zæəapho]
gehandicapte (de)	заьлапхо	[zæəapho]
drugsverslaafde (de)	наркоман	[narkɔman]

doof (bn)	къора	[qhɔra]
stom (bn)	мотт ца хуург	[mɔt: tsa hu:rg]
doofstom (bn)	мотт ца хуург	[mɔt: tsa hu:rg]

krankzinnig (bn)	хьерадьалла	[heradʲal:a]
krankzinnige (man)	хьераваьлларг	[heravæl:arg]
krankzinnige (vrouw)	хьерайалларг	[herajal:arg]
krankzinnig worden	хьервалар	[hervalar]

gen (het)	ген	[gen]
immuniteit (de)	иммунитет	[im:unitet]
aangeboren (bn)	вешщехь хилла	[weʃəh hil:a]
virus (het)	вирус	[wirus]
microbe (de)	микроб	[mikrɔb]

bacterie (de)	бактери	[bakteri]
infectie (de)	инфекци	[infektsi]

66. Symptomen. Behandelingen. Deel 3

ziekenhuis (het)	больница	[boʌnitsa]
patiënt (de)	пациент	[patsient]

diagnose (de)	диагноз	[diagnɔz]
genezing (de)	дарбанаш лелор	[darbanaʃ lelɔr]
medische behandeling (de)	дарба лелор	[darba lelɔr]
onder behandeling zijn	дарбанаш лелор	[darbanaʃ lelɔr]
behandelen (ww)	дарба лело	[darba lelɔ]
zorgen (zieken ~)	лело	[lelɔ]
ziekenzorg (de)	лелор	[lelɔr]

operatie (de)	этlоp	[ɛthɔr]
verbinden (een arm ~)	дlадехка	[dəadehka]
verband (het)	йоьхкург	[jøhkurg]

vaccin (het)	маха тохар	[maha tɔhar]
inenten (vaccineren)	маха тоха	[maha tɔha]
injectie (de)	маха тохар	[maha tɔhar]
een injectie geven	маха тоха	[maha tɔha]

amputatie (de)	ампутаци	[amputatsi]
amputeren (ww)	дlадаккха	[dəadak:a]
coma (het)	кома	[kɔma]
in coma liggen	коме хила	[kɔme hila]
intensieve zorg, ICU (de)	реанимаци	[reanimatsi]

zich herstellen (ww)	тодала	[tɔdala]
toestand (de)	хьал	[hal]
bewustzijn (het)	кхетам	[qetam]
geheugen (het)	эс	[ɛs]

trekken (een kies ~)	дlадаккха	[dəadak:a]
vulling (de)	йома	[joma]
vullen (ww)	йома йилла	[joma jıl:a]

hypnose (de)	гипноз	[gipnɔz]
hypnotiseren (ww)	гипноз ян	[gipnɔz jan]

67. Geneeskunde. Medicijnen. Accessoires

geneesmiddel (het)	молха	[mɔlha]
middel (het)	дарба	[darba]
voorschrijven (ww)	дайх диена	[dajh diena]
recept (het)	рецепт	[retsept]

tablet (de/het)	буьртиг	[byrtig]
zalf (de)	хьакхар	[haqar]

ampul (de)	ампула	[ampula]
drank (de)	микстура	[mikstura]
siroop (de)	сироп	[sirɔp]
pil (de)	буьртиг	[byrtig]
poeder (de/het)	хӀур	[hur]

verband (het)	бинт	[bint]
watten (mv.)	бамба	[bamba]
jodium (het)	йод	[jod]

pleister (de)	белхьам	[belham]
pipet (de)	пипетка	[pipetka]
thermometer (de)	градусъюстург	[gradusʰjusturg]
spuit (de)	маха	[maha]

rolstoel (de)	гӀудалкх	[ɣudalq]
krukken (mv.)	Ӏасанаш	[ʔasanaʃ]

pijnstiller (de)	лаза ца войту молханаш	[laza tsa vɔjtu mɔlhanaʃ]
laxeermiddel (het)	чуьйнадохуьйтург	[tʃyjnadɔhyjturg]
spiritus (de)	спирт	[spirt]
medicinale kruiden (mv.)	дарбанан буц	[darbanan buts]
kruiden- (abn)	бецан	[betsan]

APPARTEMENT

68. Appartement

appartement (het)	петар	[petɑr]
kamer (de)	чоь	[ʧø]
slaapkamer (de)	дуьйшу чоь	[dyjʃu ʧø]
eetkamer (de)	столови	[stɔlɔwi]
salon (de)	хьешан цӏа	[heʃɑn tshɑ]
studeerkamer (de)	кабинет	[kɑbinet]
gang (de)	сени	[seni]
badkamer (de)	ваннан чоь	[vɑŋɑn ʧø]
toilet (het)	хьаштагӏа	[hɑʃtɑɣɑ]
plafond (het)	тхов	[thov]
vloer (de)	цӏенкъа	[tshenqhɑ]
hoek (de)	са	[sɑ]

69. Meubels. Interieur

meubels (mv.)	мебель	[mebeʎ]
tafel (de)	стол	[stɔl]
stoel (de)	гӏант	[ɣɑnt]
bed (het)	маьнга	[mæŋɑ]
bankstel (het)	диван	[divɑn]
fauteuil (de)	кресло	[kreslɔ]
boekenkast (de)	шкаф	[ʃkɑf]
boekenrek (het)	терхи	[terhi]
stellingkast (de)	книгашйохкург	[knigaʃjohkurg]
kledingkast (de)	шкаф	[ʃkɑf]
kapstok (de)	бедаршъухкург	[bedarʃuhkurg]
staande kapstok (de)	бедаршъухкург	[bedarʃuhkurg]
commode (de)	комод	[kɔmɔd]
salontafeltje (het)	журналан стол	[ʒurnɑlɑn stɔl]
spiegel (de)	куьзга	[kyzgɑ]
tapijt (het)	куз	[kuz]
tapijtje (het)	кузан цуьрг	[kuzɑn tsyrg]
haard (de)	товха	[tɔvhɑ]
kaars (de)	чӏурам	[ʧhurɑm]
kandelaar (de)	чӏурамхӏоттарг	[ʧhurɑmhɔt:ɔrg]
gordijnen (mv.)	штораш	[ʃtɔrɑʃ]
behang (het)	обойш	[ɔbɔjʃ]

jaloezie (de)	жалюзаш	[ʒalyzaʃ]
bureaulamp (de)	стоьла тIе хIотто лампа	[stəla the hɔt:ɔ lampa]
wandlamp (de)	къуьда	[qhyda]
staande lamp (de)	торшер	[tɔrʃər]
luchter (de)	люстра	[lystra]

poot (ov. een tafel, enz.)	ког	[kɔg]
armleuning (de)	голаргIорторгI	[gɔlaɣɔrtɔrg]
rugleuning (de)	букъ	[buqh]
la (de)	яьшка	[jaʃka]

70. Beddengoed

beddengoed (het)	чухулаюху хIуманаш	[ʧuhulajuhu humanaʃ]
kussen (het)	гIайба	[ɣajba]
kussenovertrek (de)	лоччар	[lɔʧar]
deken (de)	юргIа	[jurɣa]
laken (het)	шаршу	[ʃarʃu]
sprei (de)	меттан шаршу	[met:an ʃarʃu]

71. Keuken

keuken (de)	кухни	[kuhni]
gas (het)	газ	[gaz]
gasfornuis (het)	газан плита	[gazan plita]
elektrisch fornuis (het)	электрически плита	[ɛlektriʧeski plita]
oven (de)	духовка	[duhovka]
magnetronoven (de)	микроволнови пеш	[mikrɔvɔlnɔwi peʃ]

koelkast (de)	шелиг	[ʃelig]
diepvriezer (de)	морозильник	[mɔrɔziʌnik]
vaatwasmachine (de)	пхьергIаш йулу машина	[pheɣaʃ julu maʃina]

vleesmolen (de)	жижигӏохьургӏ	[ʒiʒigʰɔhurg]
vruchtenpers (de)	муттадоккхургӏ	[mut:adɔk:urg]
toaster (de)	тостер	[tɔster]
mixer (de)	миксер	[mikser]

koffiemachine (de)	къахьокхехкоргӏ	[qhahɔqehkɔrg]
koffiepot (de)	къахьокхехкоргӏ	[qhahɔqehkɔrg]
koffiemolen (de)	къахьоахьаргӏ	[qhahɔaharg]

fluitketel (de)	чайник	[ʧajnik]
theepot (de)	чайник	[ʧajnik]
deksel (de/het)	негӏап	[neɣar]
theezeefje (het)	цаца	[tsatsa]

lepel (de)	Iайг	[əajg]
theelepeltje (het)	стаканан Iайг	[stakanan əajg]
eetlepel (de)	аьчка Iайг	[æʧka əajg]
vork (de)	мIара	[məara]
mes (het)	урс	[urs]

vaatwerk (het)	пхьерlаш	[pheɣaʃ]
bord (het)	бошхап	[boʃhap]
schoteltje (het)	бошхап	[boʃhap]

likeurglas (het)	рюмка	[rymka]
glas (het)	стака	[staka]
kopje (het)	кад	[kad]

suikerpot (de)	шекардухкург	[ʃekarduhkurg]
zoutvat (het)	туьхадухкург	[tyhaduhkurg]
pepervat (het)	бурчъюхкург	[burʧʰjuhkurg]
boterschaaltje (het)	даьттадуьллург	[dæt:adyl:urg]

steelpan (de)	яй	[jaj]
bakpan (de)	зайла	[zajla]
pollepel (de)	чами	[ʧami]
vergiet (de/het)	луьттар	[lyt:ar]
dienblad (het)	хедар	[hedar]

fles (de)	шиша	[ʃiʃa]
glazen pot (de)	банка	[baŋka]
blik (conserven~)	банка	[baŋka]

flesopener (de)	схьадоьллург	[shadøl:urg]
blikopener (de)	схьадоьллург	[shadøl:urg]
kurkentrekker (de)	штопор	[ʃtopor]
filter (de/het)	луьттург	[lyt:urg]
filteren (ww)	литта	[lit:a]

| huisvuil (het) | нехаш | [nehaʃ] |
| vuilnisemmer (de) | нехийн ведар | [nehi:n wedar] |

72. Badkamer

badkamer (de)	ваннан чоь	[vaŋan ʧø]
water (het)	хи	[hi]
kraan (de)	кран	[kran]
warm water (het)	довха хи	[dovha hi]
koud water (het)	шийла хи	[ʃi:la hi]

| tandpasta (de) | цергийн паста | [tsergi:n pasta] |
| tanden poetsen (ww) | цергаш цlанъян | [tsergaʃ tshanʰjan] |

zich scheren (ww)	даша	[daʃa]
scheercrème (de)	чопа	[ʧopa]
scheermes (het)	урс	[urs]

wassen (ww)	дила	[dila]
een bad nemen	дила	[dila]
douche (de)	душ	[duʃ]
een douche nemen	лийча	[li:ʧa]

| bad (het) | ванна | [vaŋa] |
| toiletpot (de) | унитаз | [unitaz] |

wastafel (de)	раковина	[rakɔwina]
zeep (de)	саба	[saba]
zeepbakje (het)	сабадуьллург	[sabadyl:urg]

spons (de)	худург	[hudurg]
shampoo (de)	шампунь	[ʃampuɲ]
handdoek (de)	гата	[gata]
badjas (de)	оба	[ɔba]

was (bijv. handwas)	диттар	[dit:ar]
wasmachine (de)	хӀуманаш юьтту машина	[humanaʃ jut:u maʃina]
de was doen	чухулаюху хӀуманаш йитта	[tʃuhulajuhu humanaʃ jit:a]
waspoeder (de)	хӀуманаш юьтту порошок	[humanaʃ jut:u pɔrɔʃɔk]

73. Huishoudelijke apparaten

televisie (de)	телевизор	[telewizɔr]
cassettespeler (de)	магнитофон	[magnitɔfɔn]
videorecorder (de)	видеомагнитофон	[wideɔmagnitɔfɔn]
radio (de)	приёмник	[priɜmnik]
speler (de)	плеер	[ple:r]

videoprojector (de)	видеопроектор	[wideɔprɔektɔr]
home theater systeem (het)	цӀахь лело кинотеатр	[tshah lelɔ kinɔteatr]
DVD-speler (de)	DVD гойтург	[diwidi gɔjturg]
versterker (de)	чӀагӀдийриг	[tʃhaɣdi:rig]
spelconsole (de)	ловзаран приставка	[lɔvzaran pristavka]

videocamera (de)	видеокамера	[wideɔkamera]
fotocamera (de)	фотоаппарат	[fɔtɔap:arat]
digitale camera (de)	цифровой фотоаппарат	[tsifrɔvɔj fɔtɔap:arat]

stofzuiger (de)	чанъузург	[tʃanʰuzurg]
strijkijzer (het)	иту	[itu]
strijkplank (de)	иту хьокху у	[itu hɔqu u]

telefoon (de)	телефон	[telefɔn]
mobieltje (het)	мобильни телефон	[mɔbiʎni telefɔn]
schrijfmachine (de)	зорба туху машина	[zɔrba tuhu maʃina]
naaimachine (de)	чарх	[tʃarh]

microfoon (de)	микрофон	[mikrɔfɔn]
koptelefoon (de)	ладугӀургаш	[laduɣurgaʃ]
afstandsbediening (de)	пульт	[puʎt]

CD (de)	компакт-диск	[kɔmpakt disk]
cassette (de)	кассета	[kas:eta]
vinylplaat (de)	пластинка	[plastiŋka]

DE AARDE. WEER

74. De kosmische ruimte

kosmos (de)	космос	[kɔsmɔs]
kosmisch (bn)	космосан	[kɔsmɔsan]
kosmische ruimte (de)	космосан меттиг	[kɔsmɔsan metːig]
wereld (de)	дуьне	[dyne]
heelal (het)	lалам	[əalam]
sterrenstelsel (het)	галактика	[galaktika]
ster (de)	седа	[seda]
sterrenbeeld (het)	седарчий гулам	[sedartʃiː gulam]
planeet (de)	дуьне	[dyne]
satelliet (de)	спутник	[sputnik]
meteoriet (de)	метеорит	[meteɔrit]
komeet (de)	комета	[kɔmeta]
asteroïde (de)	астероид	[asterɔid]
baan (de)	орбита	[ɔrbita]
draaien (om de zon, enz.)	хьийза	[hiːza]
atmosfeer (de)	хlаваъ	[hava]
Zon (de)	Малх	[malh]
zonnestelsel (het)	Маьлхан система	[mælhan sistema]
zonsverduistering (de)	малх лацар	[malh latsar]
Aarde (de)	Латта	[latːa]
Maan (de)	Бутт	[butː]
Mars (de)	Марс	[mars]
Venus (de)	Венера	[wenera]
Jupiter (de)	Юпитер	[jupiter]
Saturnus (de)	Сатурн	[saturn]
Mercurius (de)	Меркурий	[merkuriː]
Uranus (de)	Уран	[uran]
Neptunus (de)	Нептун	[neptun]
Pluto (de)	Плутон	[plutɔn]
Melkweg (de)	Ча такхийна Тача	[tʃa taqiːna tatʃa]
Grote Beer (de)	Ворх1 вешин ворх1 седа	[vorh weʃin vorh seda]
Poolster (de)	Къилбаседа	[qhilbaseda]
marsmannetje (het)	марсианин	[marsianin]
buitenaards wezen (het)	инопланетянин	[inɔplanetʲanin]
bovenaards (het)	пришелец	[priʃelets]
vliegende schotel (de)	хlаваэхула лела тарелка	[havaɛhula lela tarelka]
ruimtevaartuig (het)	космосан кема	[kɔsmɔsan kema]

ruimtestation (het)	орбитин станци	[ɔrbitin stantsi]
start (de)	старт	[start]
motor (de)	двигатель	[dwigateʎ]
straalpijp (de)	сопло	[sɔplɔ]
brandstof (de)	ягорг	[jagɔrg]

cabine (de)	кабина	[kabina]
antenne (de)	антенна	[anteŋa]
patrijspoort (de)	иллюминатор	[il:yminatɔr]
zonnebatterij (de)	маьлхан батарей	[mælhan batarej]
ruimtepak (het)	скафандр	[skafandr]

gewichtloosheid (de)	йозалла яр	[jozal:a jar]
zuurstof (de)	кислород	[kislɔrɔd]
koppeling (de)	вовшахтасар	[vɔvʃahtasar]
koppeling maken	вовшахтасса	[vɔvʃahtas:a]

observatorium (het)	обсерватори	[ɔbservatɔri]
telescoop (de)	телескоп	[teleskɔp]
waarnemen (ww)	тергам бан	[tergam ban]
exploreren (ww)	талла	[tal:a]

75. De Aarde

Aarde (de)	Латта	[lat:a]
aardbol (de)	дуьне	[dyne]
planeet (de)	дуьне, планета	[dyne], [planeta]

atmosfeer (de)	атмосфера	[atmɔsfera]
aardrijkskunde (de)	географи	[geɔgrafi]
natuur (de)	Іалам	[ʔalam]

wereldbol (de)	глобус	[glɔbus]
kaart (de)	карта	[karta]
atlas (de)	атлас	[atlas]

Europa (het)	Европа	[evrɔpa]
Azië (het)	Ази	[azi]
Afrika (het)	Африка	[afrika]
Australië (het)	Австрали	[avstrali]

Amerika (het)	Америка	[amerika]
Noord-Amerika (het)	Къилбаседан Америка	[qhilbasedan amerika]
Zuid-Amerika (het)	Къилбера Америка	[qhilbera amerika]

| Antarctica (het) | Антарктида | [antarktida] |
| Arctis (de) | Арктика | [arktika] |

76. Windrichtingen

| noorden (het) | къилбаседа | [qhilbaseda] |
| naar het noorden | къилбаседехьа | [qhilbasedeha] |

| in het noorden | къилбаседехь | [qhilbasedeh] |
| noordelijk (bn) | къилбаседан | [qhilbasedan] |

zuiden (het)	къилбе	[qhilbe]
naar het zuiden	къилбехьа	[qhilbeha]
in het zuiden	къилбехь	[qhilbeh]
zuidelijk (bn)	къилбера	[qhilbera]

westen (het)	малхбузе	[malhbuze]
naar het westen	малхбузехьа	[malhbuzeha]
in het westen	малхбузехь	[malhbuzeh]
westelijk (bn)	малхбузера	[malhbuzera]

oosten (het)	малхбале	[malhbale]
naar het oosten	малхбалехьа	[malhbaleha]
in het oosten	малхбалехь	[malhbaleh]
oostelijk (bn)	малхбалехьара	[malhbalehara]

77. Zee. Oceaan

zee (de)	хӀорд	[hɔrd]
oceaan (de)	хӀорд, океан	[hɔrd], [ɔkean]
golf (baai)	айма	[ajma]
straat (de)	хидоькъе	[hidøqhe]

grond (vaste grond)	латта	[lat:a]
continent (het)	материк	[materik]
eiland (het)	гӀайре	[ɣajre]
schiereiland (het)	ахӀгӀайре	[ahɣajre]
archipel (de)	архипелаг	[arhipelag]

baai, bocht (de)	бухта	[buhta]
haven (de)	гавань	[gavaɲ]
lagune (de)	лагуна	[laguna]
kaap (de)	мара	[mara]

atol (de)	атолл	[atɔl:]
rif (het)	риф	[rif]
koraal (het)	маржак	[marʒak]
koraalrif (het)	маржанийн риф	[marʒani:n rif]

diep (bn)	кӀоарга	[k:ɔarga]
diepte (de)	кӀоргалла	[k:ɔrgal:a]
diepzee (de)	бух боцу Ӏин	[buh botsu əin]
trog (bijv. Marianentrog)	кӀаг	[k:ag]

| stroming (de) | дӀаэхар | [dəaəhar] |
| omspoelen (ww) | го баьккхина хи хила | [gɔ bæk:ina hi hila] |

| oever (de) | хийист | [hi:ist] |
| kust (de) | йист | [jɪst] |

| vloed (de) | хӀорд тӀекхетар | [hɔrd theqetar] |
| eb (de) | хӀорд чубожа боьлла | [hɔrd ʧubɔʒa bøl:a] |

| ondiepte (ondiep water) | гомхе | [gɔmhe] |
| bodem (de) | бух | [buh] |

golf (hoge ~)	тулгӏе	[tulγe]
golfkam (de)	тулгӏийн дукъ	[tulγi:n duqh]
schuim (het)	чопа	[ʧɔpɑ]

orkaan (de)	мох балар	[mɔh bɑlɑr]
tsunami (de)	цунами	[ʦunɑmi]
windstilte (de)	штиль	[ʃtiʎ]
kalm (bijv. ~e zee)	тийна	[ti:nɑ]

| pool (de) | полюс | [pɔlys] |
| polair (bn) | полюсан | [pɔlysɑn] |

breedtegraad (de)	шоралла	[ʃɔrɑl:ɑ]
lengtegraad (de)	дохалла	[dɔhɑl:ɑ]
parallel (de)	параллель	[pɑrɑl:eʎ]
evenaar (de)	экватор	[ɛkvɑtɔr]

hemel (de)	дуьне	[dyne]
horizon (de)	ана	[ɑnɑ]
lucht (de)	хӏаваъ	[hɑvɑ]

vuurtoren (de)	маяк	[mɑjɑk]
duiken (ww)	чулелха	[ʧulelhɑ]
zinken (ov. een boot)	бухадаха	[buhɑdɑhɑ]
schatten (mv.)	хазна	[hɑznɑ]

78. Namen van zeeën en oceanen

Atlantische Oceaan (de)	Атлантически хӏорд	[ɑtlɑntiʧeski hɔrd]
Indische Oceaan (de)	Индихойн хӏорд	[indihojn hɔrd]
Stille Oceaan (de)	Тийна хӏорд	[ti:nɑ hɔrd]
Noordelijke IJszee (de)	Къилбаседанан Шен хӏорд	[qhilbɑsedɑnɑn ʃən hɔrd]

Zwarte Zee (de)	Ӏаьржа хӏорд	[əærʒɑ hɔrd]
Rode Zee (de)	Цӏен хӏорд	[ʦhen hɔrd]
Gele Zee (de)	Можа хӏорд	[mɔʒɑ hɔrd]
Witte Zee (de)	Кӏайн хӏорд	[k:ɑjn hɔrd]

Kaspische Zee (de)	Каспи хӏорд	[kɑspi hɔrd]
Dode Zee (de)	Са доцу хӏорд	[sɑ dɔʦu hɔrd]
Middellandse Zee (de)	Средиземни хӏорд	[sredizemni hɔrd]

| Egeïsche Zee (de) | Эгейски хӏорд | [ɛgejski hɔrd] |
| Adriatische Zee (de) | Адреатически хӏорд | [ɑdreɑtiʧeski hɔrd] |

Arabische Zee (de)	Аравийски хӏорд	[ɑrɑvi:ski hɔrd]
Japanse Zee (de)	Японийн хӏорд	[jɑpɔni:n hɔrd]
Beringzee (de)	Берингово хӏорд	[beriŋɔvɔ hɔrd]
Zuid-Chinese Zee (de)	Къилба-Китайн хӏорд	[qhilbɑ kitɑjn hɔrd]
Koraalzee (de)	Маржанийн хӏорд	[mɑrʒɑni:n hɔrd]

| Tasmanzee (de) | Тасманово хIорд | [tasmanɔvɔ hɔrd] |
| Caribische Zee (de) | Карибски хIорд | [karibski hɔrd] |

| Barentszzee (de) | Баренцово хIорд | [barentsɔvɔ hɔrd] |
| Karische Zee (de) | Карски хIорд | [karski hɔrd] |

Noordzee (de)	Къилбаседан хIорд	[qhilbasedan hɔrd]
Baltische Zee (de)	Балтийски хIорд	[baltiːski hɔrd]
Noorse Zee (de)	Норвержски хIорд	[nɔrwerʒski hɔrd]

79. Bergen

berg (de)	лам	[lam]
bergketen (de)	ламнийн моrIа	[lamniːn mɔɣa]
gebergte (het)	ламанан дукъ	[lamanan duqh]

bergtop (de)	бохь	[bɔh]
bergpiek (de)	бохь	[bɔh]
voet (ov. de berg)	кIажа	[kːaʒa]
helling (de)	басе	[base]

vulkaan (de)	тIаплам	[thaplam]
actieve vulkaan (de)	тIепинг	[thepiŋ]
uitgedoofde vulkaan (de)	байна тIаплам	[bajna thaplam]

uitbarsting (de)	хьалатохар	[halatɔhar]
krater (de)	кратер	[krater]
magma (het)	магма	[magma]
lava (de)	лава	[lava]
gloeiend (~e lava)	цIийдина	[tshiːdina]

kloof (canyon)	Iин	[ʔin]
bergkloof (de)	чIож	[tʃhɔʒ]
spleet (de)	чIаж	[tʃhaʒ]

bergpas (de)	ламанан дукъ	[lamanan duqh]
plateau (het)	акъари	[aqhari]
klip (de)	тарх	[tarh]
heuvel (de)	гу	[gu]

| gletsjer (de) | ша-ор | [ʃa ɔr] |
| waterval (de) | чухчари | [tʃuhtʃari] |

| geiser (de) | гейзер | [gejzer] |
| meer (het) | Iам | [ʔam] |

vlakte (de)	аре	[are]
landschap (het)	пейзаж	[pejzaʒ]
echo (de)	йилбазмохь	[jɪlbazmɔh]

alpinist (de)	алтпинист	[altpinist]
bergbeklimmer (de)	тархашхо	[tarhaʃho]
trotseren (berg ~)	карадало	[karadalɔ]
beklimming (de)	тIедалар	[thedalar]

80. Bergen namen

Alpen (de)	Альпаш	[aʎpaʃ]
Mont Blanc (de)	Монблан	[mɔnblan]
Pyreneeën (de)	Пиренеи	[pirenei]
Karpaten (de)	Карпаташ	[karpataʃ]
Oeralgebergte (het)	Уралан лаьмнаш	[uralan læmnaʃ]
Kaukasus (de)	Кавказ	[kavkaz]
Elbroes (de)	Эльбрус	[ɛʎbrus]
Altaj (de)	Алтай	[altaj]
Tiensjan (de)	Тянь-Шань	[tʲaɲ ʃaɲ]
Pamir (de)	Памир	[pamir]
Himalaya (de)	Гималаи	[gimalai]
Everest (de)	Эверест	[ɛwerest]
Andes (de)	Анднаш	[andnaʃ]
Kilimanjaro (de)	Килиманджаро	[kilimandʒarɔ]

81. Rivieren

rivier (de)	доьду хи	[dødu hi]
bron (~ van een rivier)	хьост, шовда	[hɔst], [ʃovda]
rivierbedding (de)	харш	[harʃ]
rivierbekken (het)	бассейн	[bas:ejn]
uitmonden in …	кхета	[qeta]
zijrivier (de)	га	[ga]
oever (de)	хийист	[hi:ist]
stroming (de)	дӀаэхар	[dəaəhar]
stroomafwaarts (bw)	хица охьа	[hitsa ɔha]
stroomopwaarts (bw)	хица хьала	[hitsa hala]
overstroming (de)	хи тӀедалар	[hi thedalar]
overstroming (de)	дестар	[destar]
buiten zijn oevers treden	деста	[desta]
overstromen (ww)	дӀахьулдан	[dəahuldan]
zandbank (de)	гомхалла	[gɔmhal:a]
stroomversnelling (de)	тарх	[tarh]
dam (de)	сунт	[sunt]
kanaal (het)	татол	[tatɔl]
spaarbekken (het)	латтийла	[lat:i:la]
sluis (de)	шлюз	[ʃlyz]
waterlichaam (het)	Ӏам	[əam]
moeras (het)	уьшал	[yʃal]
broek (het)	уьшал	[yʃal]
draaikolk (de)	айма	[ajma]
stroom (de)	татол	[tatɔl]

| drink- (abn) | молу | [mɔlu] |
| zoet (~ water) | теза | [teza] |

| IJs (het) | ша | [ʃa] |
| bevriezen (rivier, enz.) | ша бан | [ʃa ban] |

82. Namen van rivieren

| Seine (de) | Сена | [sena] |
| Loire (de) | Луара | [luara] |

Theems (de)	Темза	[temza]
Rijn (de)	Рейн	[rejn]
Donau (de)	Дунай	[dunaj]

Wolga (de)	Волга	[vɔlga]
Don (de)	Дон	[dɔn]
Lena (de)	Лена	[lena]

Gele Rivier (de)	Хуанхэ	[huanhɛ]
Blauwe Rivier (de)	Янцзы	[jantszɪ]
Mekong (de)	Меконг	[mekɔŋ]
Ganges (de)	Ганг	[gaŋ]

Nijl (de)	Нил	[nil]
Kongo (de)	Конго	[kɔŋɔ]
Okavango (de)	Оканго	[ɔkavaŋɔ]
Zambezi (de)	Замбези	[zambezi]
Limpopo (de)	Лимпопо	[limpɔpɔ]
Mississippi (de)	Миссисипи	[mis:isipi]

83. Bos

| bos (het) | хьун | [hun] |
| bos- (abn) | хьунан | [hunan] |

oerwoud (dicht bos)	варш	[varʃ]
bosje (klein bos)	боьлак	[bølak]
open plek (de)	ирзу	[irzu]

| struikgewas (het) | коьллаш | [køl:aʃ] |
| struiken (mv.) | колл | [kɔl:] |

| paadje (het) | тача | [tatʃa] |
| ravijn (het) | боьра | [børa] |

boom (de)	дитт	[dit:]
blad (het)	гӀа	[ɣa]
gebladerte (het)	гӀаш	[ɣaʃ]

| vallende bladeren (mv.) | гӀа дожар | [ɣa dɔʒar] |
| vallen (ov. de bladeren) | охьа дожа | [ɔha dɔʒa] |

boomtop (de)	бохь	[bɔh]
tak (de)	га	[ga]
ent (de)	га	[ga]
knop (de)	патар	[patar]
naald (de)	кӏохцалг	[k:ɔhʦalg]
dennenappel (de)	бӏар	[bəar]

boom holte (de)	хара	[hara]
nest (het)	бен	[ben]
hol (het)	ӏуьрг	[əyrg]

stam (de)	гӏад	[ɣad]
wortel (bijv. boom~s)	орам	[ɔram]
schors (de)	кевстиг	[kevstig]
mos (het)	корсам	[kɔrsam]

ontwortelen (een boom)	бухдаккха	[buhdak:a]
kappen (een boom ~)	хьакха	[haqa]
ontbossen (ww)	хьакха	[haqa]
stronk (de)	юьхк	[juhk]

kampvuur (het)	цӏе	[ʦhe]
bosbrand (de)	цӏе	[ʦhe]
blussen (ww)	дӏадайа	[dəadaja]

boswachter (de)	хьуьнхо	[hynho]
bescherming (de)	лардар	[lardar]
beschermen (bijv. de natuur ~)	лардан	[lardan]
stroper (de)	браконьер	[brakɔɲjer]
val (de)	гура	[gura]

plukken (vruchten, enz.)	лахьо	[lahɔ]
verdwalen (de weg kwijt zijn)	тила	[tila]

84. Natuurlijke hulpbronnen

natuurlijke rijkdommen (mv.)	ӏаламан тӏаьхьалонаш	[əalaman thæhalɔnaʃ]
delfstoffen (mv.)	пайде маьӏданаш	[pajde mæədanaʃ]
lagen (mv.)	маьӏданаш	[mæədanaʃ]
veld (bijv. olie~)	маьӏданаш дохку	[mæədanaʃ dɔhku]

winnen (uit erts ~)	даккха	[dak:a]
winning (de)	даккхар	[dak:ar]
erts (het)	маьӏда	[mæəda]
mijn (bijv. kolenmijn)	маьӏда доккхийла, шахта	[mæəda dɔk:i:la], [ʃahta]
mijnschacht (de)	шахта	[ʃahta]
mijnwerker (de)	кӏорабаккхархо	[k:ɔrabak:arhɔ]

gas (het)	газ	[gaz]
gasleiding (de)	газъюьгург	[gazʰjugurg]

olie (aardolie)	нефть	[neftʲ]
olieleiding (de)	нефтьузург	[neftʲuzurg]

oliebron (de)	нефтан чардакх	[neftan tʃardaq]
boortoren (de)	буру туху вышка	[buru tuhu vɪʃka]
tanker (de)	танкер	[taŋker]

zand (het)	гӀум	[ɣum]
kalksteen (de)	кир-маьlда	[kir mæəda]
grind (het)	жарlа	[ʒaɣa]
veen (het)	lexa	[əeha]
klei (de)	поппар	[pɔp:ar]
steenkool (de)	кlopa	[k:ɔra]

IJzer (het)	эчиг	[ɛtʃig]
goud (het)	деши	[deʃi]
zilver (het)	дети	[deti]
nikkel (het)	никель	[nikeʎ]
koper (het)	цlacta	[tshasta]

zink (het)	цинк	[tsiŋk]
mangaan (het)	марганец	[marganets]
kwik (het)	гинсу	[ginsu]
lood (het)	даш	[daʃ]

mineraal (het)	минерал	[mineral]
kristal (het)	кристалл	[kristal:]
marmer (het)	шагатlулг	[ʃagathulg]
uraan (het)	уран	[uran]

85. Weer

weer (het)	хенан хlottam	[henan hɔt:am]
weersvoorspelling (de)	хенан хlottaман прогноз	[henan hɔt:aman prɔgnɔz]
temperatuur (de)	температура	[temperatura]
thermometer (de)	термометр	[termɔmetr]
barometer (de)	барометр	[barɔmetr]

vochtigheid (de)	тlуьнан	[thynan]
hitte (de)	йовхо	[jovho]
heet (bn)	довха	[dɔvha]
het is heet	йовха	[jovha]

| het is warm | йовха | [jovha] |
| warm (bn) | довха | [dɔvha] |

| het is koud | шийла | [ʃi:la] |
| koud (bn) | шийла | [ʃi:la] |

zon (de)	малх	[malh]
schijnen (de zon)	кхета	[qeta]
zonnig (~e dag)	маьlхан	[mælhan]
opgaan (ov. de zon)	схьакхета	[shaqeta]
ondergaan (ww)	чубуза	[tʃubuza]

| wolk (de) | марха | [marha] |
| bewolkt (bn) | мархаш йолу | [marhaʃ jolu] |

| regenwolk (de) | марха | [marha] |
| somber (bn) | кхоьлина | [qølina] |

regen (de)	догӀа	[dɔɣa]
het regent	догӀа догӀу	[dɔɣa dɔɣu]
regenachtig (bn)	догӀане	[dɔɣane]
motregenen (ww)	серса	[sersa]

plensbui (de)	кхевсина догӀа	[qevsina dɔɣa]
stortbui (de)	догӀа	[dɔɣa]
hard (bn)	чӀогӀа	[ʧhɔɣa]
plas (de)	Ӏам	[əam]
nat worden (ww)	тӀадо	[thadɔ]

mist (de)	дохк	[dɔhk]
mistig (bn)	дохк долу	[dɔhk dɔlu]
sneeuw (de)	ло	[lɔ]
het sneeuwt	ло догӀу	[lɔ dɔɣu]

86. Zwaar weer. Natuurrampen

noodweer (storm)	йочана	[joʧana]
bliksem (de)	ткъес	[tqhes]
flitsen (ww)	стега	[stega]

donder (de)	стигал къовкъар	[stigal qhɔvqhar]
donderen (ww)	къекъа	[qheqha]
het dondert	стигал къекъа	[stigal qheqha]

| hagel (de) | къора | [qhɔra] |
| het hagelt | къора йогӀу | [qhɔra joɣu] |

| overstromen (ww) | дӀахьулдан | [dəahuldan] |
| overstroming (de) | хи тӀедалар | [hi thedalar] |

aardbeving (de)	мохк бегор	[mɔhk begɔr]
aardschok (de)	дегар	[degar]
epicentrum (het)	эпицентр	[ɛpitsentr]

| uitbarsting (de) | хьалатохар | [halatɔhar] |
| lava (de) | лава | [lava] |

wervelwind (de)	йилбазмох	[jɪlbazmɔh]
windhoos (de)	торнадо	[tɔrnadɔ]
tyfoon (de)	тайфун	[tajfun]

orkaan (de)	мох балар	[mɔh balar]
storm (de)	дарц	[darts]
tsunami (de)	цунами	[tsunami]

cycloon (de)	дарц	[darts]
onweer (het)	йочана	[joʧana]
brand (de)	цӀе	[tshe]
ramp (de)	катастрофа	[katastrɔfa]

meteoriet (de)	метеорит	[meteɔrit]
lawine (de)	хьаьтт	[hæt:]
sneeuwverschuiving (de)	чухарцар	[tʃuhartsɑr]
sneeuwjacht (de)	дарц	[dɑrts]
sneeuwstorm (de)	дарц	[dɑrts]

FAUNA

87. Zoogdieren. Roofdieren

roofdier (het)	гӀира экха	[ɣira ɛqa]
tijger (de)	цӀоькъалом	[tʃhøqhalɔm]
leeuw (de)	лом	[lɔm]
wolf (de)	борз	[bɔrz]
vos (de)	цхьогал	[tshɔgal]
jaguar (de)	ягуар	[jaguar]
luipaard (de)	леопард	[leɔpard]
jachtluipaard (de)	гепард	[gepard]
panter (de)	пантера	[pantera]
poema (de)	пума	[puma]
sneeuwluipaard (de)	лайн цӀокъ	[lajn tshɔqh]
lynx (de)	акха цициг	[aqa tsitsig]
coyote (de)	койот	[kɔjot]
jakhals (de)	чагӀалкх	[tʃaɣalq]
hyena (de)	чагӀалкх	[tʃaɣalq]

88. Wilde dieren

dier (het)	дийнат	[di:nat]
beest (het)	экха	[ɛqa]
eekhoorn (de)	тарсал	[tarsal]
egel (de)	зу	[zu]
haas (de)	пхьагал	[phagal]
konijn (het)	кролик	[krɔlik]
das (de)	даӀам	[daəam]
wasbeer (de)	акха жӀаьла	[aqa ʒæəla]
hamster (de)	оьпа	[øpa]
marmot (de)	дӀам	[dəam]
mol (de)	боьлкъазар	[bølqhazar]
muis (de)	дахка	[dahka]
rat (de)	мукадахка	[mukadahka]
vleermuis (de)	бирдолаг	[birdɔlag]
hermelijn (de)	горностай	[gɔrnɔstaj]
sabeldier (het)	салор	[salɔr]
marter (de)	салор	[salɔr]
wezel (de)	дингад	[diŋad]
nerts (de)	норка	[nɔrka]

bever (de)	бобр	[bɔbr]
otter (de)	хешт	[heʃt]

paard (het)	говр	[gɔvr]
eland (de)	боккха сай	[bɔqa saj]
hert (het)	сай	[saj]
kameel (de)	эмкал	[ɛmkal]

bizon (de)	бизон	[bizɔn]
oeros (de)	була	[bula]
buffel (de)	гомаш-буга	[gɔmaʃ buga]

zebra (de)	зебр	[zebra]
antilope (de)	антилопа	[antilɔpa]
ree (de)	лу	[lu]
damhert (het)	шоьккари	[ʃøk:ari]
gems (de)	масар	[masar]
everzwijn (het)	нал	[nal]

walvis (de)	кит	[kit]
rob (de)	тюлень	[tyleɲ]
walrus (de)	морж	[mɔrʒ]
zeehond (de)	котик	[kɔtik]
dolfijn (de)	дельфин	[deʌfin]

beer (de)	ча	[ʧa]
IJsbeer (de)	кӏайн ча	[k:ajn ʧa]
panda (de)	панда	[panda]

aap (de)	маймал	[majmal]
chimpansee (de)	шимпанзе	[ʃimpanze]
orang-oetan (de)	орангутанг	[ɔraɲutaŋ]
gorilla (de)	горилла	[gɔril:a]
makaak (de)	макака	[makaka]
gibbon (de)	гиббон	[gib:ɔn]

olifant (de)	пийл	[pi:l]
neushoorn (de)	мермала	[mermaəa]
giraffe (de)	жираф	[ʒiraf]
nijlpaard (het)	бегемот	[begemɔt]

kangoeroe (de)	кенгуру	[keɲuru]
koala (de)	коала	[kɔala]

mangoest (de)	мангуст	[maɲust]
chinchilla (de)	шиншилла	[ʃinʃil:a]
stinkdier (het)	скунс	[skuns]
stekelvarken (het)	дикобраз	[dikɔbraz]

89. Huisdieren

poes (de)	цициг	[tsitsig]
kater (de)	цициг	[tsitsig]
paard (het)	говр	[gɔvr]

| hengst (de) | айгӏар | [ajɣar] |
| merrie (de) | кхела | [qela] |

koe (de)	етта	[et:a]
stier (de)	сту	[stu]
os (de)	сту	[stu]

schaap (het)	жий	[ʒi:]
ram (de)	уьстагӏ	[ystaɣ]
geit (de)	газа	[gaza]
bok (de)	бож	[bɔʒ]

| ezel (de) | вир | [wir] |
| muilezel (de) | бӏарза | [bəarza] |

varken (het)	хьакха	[haqa]
biggetje (het)	хуьрсик	[hyrsik]
konijn (het)	кролик	[krɔlik]

| kip (de) | котам | [kɔtam] |
| haan (de) | боргӏал | [bɔrɣal] |

eend (de)	бад	[bad]
woerd (de)	нӏаьна-бад	[nəæna bad]
gans (de)	гӏаз	[ɣaz]

| kalkoen haan (de) | москал-нӏаьна | [mɔskal nəæna] |
| kalkoen (de) | москал-котам | [mɔskal kɔtam] |

huisdieren (mv.)	цӏера дийнаташ	[tshera di:nataʃ]
tam (bijv. hamster)	караламийна	[karaəami:na]
temmen (tam maken)	караламо	[karaəamɔ]
fokken (bijv. paarden ~)	лело	[lelɔ]

boerderij (de)	ферма	[ferma]
gevogelte (het)	зӏакардаьхний	[zəakardæhni:]
rundvee (het)	хьайбанаш	[hajbanaʃ]
kudde (de)	бажа	[baʒa]

paardenstal (de)	божал	[bɔʒal]
zwijnenstal (de)	хьакхарчийн божал	[haqartʃi:n bɔʒal]
koeienstal (de)	божал	[bɔʒal]
konijnenhok (het)	кроликийн бун	[krɔliki:n bun]
kippenhok (het)	котаман бун	[kɔtaman bun]

90. Vogels

vogel (de)	олхазар	[ɔlhazar]
duif (de)	кхокха	[qɔqa]
mus (de)	хьоза	[hɔza]
koolmees (de)	цӏирцӏирхьоза	[tshirtshirhɔza]
ekster (de)	къорза къиг	[qhɔrza qhig]
raaf (de)	хьаргӏа	[harɣa]
kraai (de)	къиг	[qhig]

kauw (de)	жаIжаIа	[ʒaɣʒaɣa]
roek (de)	човка	[tʃɔvka]
eend (de)	бад	[bad]
gans (de)	гIаз	[ɣaz]
fazant (de)	акха котам	[aqa kɔtam]
arend (de)	аьрзу	[ærzu]
havik (de)	куьйра	[kyjra]
valk (de)	леча	[letʃa]
gier (de)	ломъаьрзу	[lɔmʰærzu]
condor (de)	кондор	[kɔndɔr]
zwaan (de)	гIургIаз	[ɣurɣaz]
kraanvogel (de)	гIаргIули	[ɣarɣuli]
ooievaar (de)	чIерийдохург	[tʃheri:dɔhurg]
papegaai (de)	тоти	[tɔti]
kolibrie (de)	колибри	[kɔlibri]
pauw (de)	тIаус	[thaus]
struisvogel (de)	страус	[straus]
reiger (de)	чIерийлоьцург	[tʃheri:løtsurg]
flamingo (de)	фламинго	[flamiŋɔ]
pelikaan (de)	пеликан	[pelikan]
nachtegaal (de)	зарзар	[zarzar]
zwaluw (de)	чIергIардиг	[tʃheɣardig]
lijster (de)	шоршал	[ʃɔrʃal]
zanglijster (de)	дека шоршал	[deka ʃɔrʃal]
merel (de)	Iаьржа шоршал	[əærʒa ʃɔrʃal]
gierzwaluw (de)	мерцхалдиг	[mertshaldig]
leeuwerik (de)	нIаьвла	[nəævla]
kwartel (de)	лекъ	[leqh]
specht (de)	хенакIур	[henak:ur]
koekoek (de)	хIуттут	[hut:ut]
uil (de)	бухIа	[buha]
oehoe (de)	соька	[søka]
auerhoen (het)	къоракуота	[qhɔrakuɔta]
korhoen (het)	акха котам	[aqa kɔtam]
patrijs (de)	моша	[mɔʃa]
spreeuw (de)	алкханч	[alqantʃ]
kanarie (de)	можа хьоза	[mɔʒa hoza]
hazelhoen (het)	акха котам	[aqa kɔtam]
vink (de)	хьуьнан хьоза	[hynan hoza]
goudvink (de)	лайн хьоза	[lajn hoza]
meeuw (de)	чайка	[tʃajka]
albatros (de)	альбатрос	[aʌbatrɔs]
pinguïn (de)	пингвин	[piŋwin]

91. Vis. Zeedieren

brasem (de)	чабакх-чӏара	[t͡ʃabɑq t͡ʃhɑrɑ]
karper (de)	карп	[karp]
baars (de)	окунь	[ɔkuɲ]
meerval (de)	яй	[jaj]
snoek (de)	гӏазкхийн чӏара	[ɣazqiːn t͡ʃhɑrɑ]

| zalm (de) | лосось | [lɔsɔsʲ] |
| steur (de) | цӏен чӏара | [t͡shen t͡ʃhɑrɑ] |

haring (de)	сельдь	[seʎdʲ]
atlantische zalm (de)	сёмга	[sɔmga]
makreel (de)	скумбри	[skumbri]
platvis (de)	камбала	[kambala]

snoekbaars (de)	судак	[sudak]
kabeljauw (de)	треска	[treska]
tonijn (de)	тунец	[tunet͡s]
forel (de)	бакъ чӏара	[baqh t͡ʃhɑrɑ]

paling (de)	жӏаьлин чӏара	[ʒæælin t͡ʃhɑrɑ]
sidderrog (de)	электрически скат	[ɛlektrit͡ʃeski skat]
murene (de)	мурена	[murena]
piranha (de)	пиранья	[piraɲja]

haai (de)	гӏоркхма	[ɣɔrqma]
dolfijn (de)	дельфин	[deʎfin]
walvis (de)	кит	[kit]

krab (de)	краб	[krab]
kwal (de)	медуза	[meduza]
octopus (de)	бархӏкогберг	[barhkɔgberg]

zeester (de)	хӏордан седа	[hɔrdan seda]
zee-egel (de)	хӏордан зу	[hɔrdan zu]
zeepaardje (het)	хӏордан говр	[hɔrdan gɔvr]

oester (de)	устрица	[ustrit͡sa]
garnaal (de)	креветка	[krewetka]
kreeft (de)	омар	[ɔmar]
langoest (de)	лангуст	[laɲust]

92. Amfibieën. Reptielen

| slang (de) | лаьхьа | [læha] |
| giftig (slang) | дӏаьвше | [dəævʃə] |

adder (de)	лаьхьа	[læha]
cobra (de)	кобра	[kɔbra]
python (de)	питон	[pitɔn]
boa (de)	саьрмикъ	[sæærmiqh]
ringslang (de)	вотангар	[vɔtaɲar]

| ratelslang (de) | шов ден лаьхьа | [ʃɔv den læha] |
| anaconda (de) | анаконда | [anakɔnda] |

hagedis (de)	моьлкъа	[mølqha]
leguaan (de)	игуана	[iguana]
varaan (de)	варан	[varan]
salamander (de)	саламандра	[salamandra]
kameleon (de)	хамелион	[hameliɔn]
schorpioen (de)	скорпион	[skɔrpiɔn]

schildpad (de)	уьнтӀапхьид	[ynthaphid]
kikker (de)	пхьид	[phid]
pad (de)	бецан пхьид	[betsan phid]
krokodil (de)	саьрмикъ	[særmiqh]

93. Insecten

insect (het)	сагалмат	[sagalmat]
vlinder (de)	полла	[pɔl:a]
mier (de)	зингат	[ziŋat]
vlieg (de)	моза	[mɔza]
mug (de)	чуьрк	[tʃyrk]
kever (de)	чхьаьвриг	[tʃhævrig]

wesp (de)	зӀуга	[zəuga]
bij (de)	накхармоза	[naqarmɔza]
hommel (de)	бумбари	[bumbari]
horzel (de)	тӀод	[thɔd]

| spin (de) | гезг | [gezg] |
| spinnenweb (het) | гезгмаша | [gezgmaʃa] |

libel (de)	шайтӀанан дин	[ʃajthanan din]
sprinkhaan (de)	цӀаьпцалг	[tshæptsalg]
nachtvlinder (de)	полла	[pɔl:a]

kakkerlak (de)	чхьаьвриг	[tʃhævrig]
mijt (de)	веччалг	[wetʃalg]
vlo (de)	сагал	[sagal]
kriebelmug (de)	пхьажбуург	[phaʒbu:rg]

treksprinkhaan (de)	цӀоз	[tshɔz]
slak (de)	этмаьлиг	[ɛtmæəig]
krekel (de)	цаьпцалг	[tsæptsalg]
glimworm (de)	бумбари	[bumbari]
lieveheersbeestje (het)	дедо	[dedɔ]
meikever (de)	бумбари	[bumbari]

bloedzuiger (de)	цӀубдар	[tshubdar]
rups (de)	нӀаьвцициг	[nəævtsitsig]
aardworm (de)	нӀаьна	[nəæna]
larve (de)	нӀаьна	[nəæna]

FLORA

94. Bomen

boom (de)	дитт	[dit:]
loof- (abn)	гӏаш долу	[ɣaʃ dɔlu]
dennen- (abn)	баганан	[baganan]
groenblijvend (bn)	гуттар сийна	[gut:ar si:na]
appelboom (de)	Iаж	[eaʒ]
perenboom (de)	кхор	[qɔr]
kers (de)	балл	[bal:]
pruimelaar (de)	хьач	[hatʃ]
berk (de)	дакх	[daq]
eik (de)	наж	[naʒ]
linde (de)	хьех	[heh]
esp (de)	мах	[mah]
esdoorn (de)	къахк	[qhahk]
spar (de)	база	[baza]
den (de)	зез	[zez]
lariks (de)	бага	[baga]
zilverspar (de)	пихта	[pihta]
ceder (de)	кедр	[kedr]
populier (de)	талл	[tal:]
lijsterbes (de)	датта	[dat:a]
wilg (de)	дак	[dak]
els (de)	маъ	[ma]
beuk (de)	поп	[pɔp]
iep (de)	муьшдечиг	[myʃdetʃig]
es (de)	къахьашту	[qhahaʃtu]
kastanje (de)	каштан	[kaʃtan]
magnolia (de)	магноли	[magnɔli]
palm (de)	пальма	[paʎma]
cipres (de)	кипарис	[kiparis]
mangrove (de)	мангрови дитт	[maŋrɔwi dit:]
baobab (apenbroodboom)	баобаб	[baɔbab]
eucalyptus (de)	эквалипт	[ɛkvalipt]
mammoetboom (de)	секвойя	[sekvɔja]

95. Heesters

struik (de)	колл	[kɔl:]
heester (de)	колл	[kɔl:]

| wijnstok (de) | кемсаш | [kemsɑʃ] |
| wijngaard (de) | кемсийн беш | [kemsi:n beʃ] |

frambozenstruik (de)	цІен комар	[tshen kɔmɑr]
rode bessenstruik (de)	цІен кхезарш	[tshen qezɑrʃ]
kruisbessenstruik (de)	кІудалгаш	[k:udɑlgɑʃ]

acacia (de)	акаци	[ɑkɑtsi]
zuurbes (de)	муьстарг	[mystɑrg]
jasmijn (de)	жасмин	[ʒɑsmin]

jeneverbes (de)	жІолам	[ʒəɔlɑm]
rozenstruik (de)	розанийн кол	[rɔzɑni:n kɔl]
hondsroos (de)	хьармак	[hɑrmɑk]

96. Vruchten. Bessen

vrucht (de)	стом	[stɔm]
vruchten (mv.)	стоьмаш	[stømɑʃ]
appel (de)	Іаж	[əɑʒ]

| peer (de) | кхор | [qɔr] |
| pruim (de) | хьач | [hɑtʃ] |

aardbei (de)	цІазам	[tshɑzɑm]
kers (de)	балл	[bɑl:]
druif (de)	кемсаш	[kemsɑʃ]

framboos (de)	цІен комар	[tshen kɔmɑr]
zwarte bes (de)	Іаьржа кхезарш	[əærʒɑ qezɑrʃ]
rode bes (de)	цІен кхезарш	[tshen qezɑrʃ]

| kruisbes (de) | кІудалгаш | [k:udɑlgɑʃ] |
| veenbes (de) | клюква | [klykvɑ] |

sinaasappel (de)	апельсин	[apeʌsin]
mandarijn (de)	мандарин	[mɑndɑrin]
ananas (de)	ананас	[ɑnɑnɑs]

| banaan (de) | банан | [bɑnɑn] |
| dadel (de) | хурма | [hurmɑ] |

citroen (de)	лимон	[limɔn]
abrikoos (de)	туьрк	[tyrk]
perzik (de)	гІаммагІа	[ɣɑm:ɑɣɑ]

| kiwi (de) | киви | [kiwi] |
| grapefruit (de) | грейпфрут | [grejpfrut] |

bes (de)	цІазам	[tshɑzɑm]
bessen (mv.)	цІазамаш	[tshɑzɑmɑʃ]
vossenbes (de)	брусника	[brusnikɑ]
bosaardbei (de)	пхьагал-цІазам	[phɑgɑl tshɑzɑm]
bosbes (de)	Іаьржа балл	[əærʒɑ bɑl:]

97. Bloemen. Planten

bloem (de)	зезеаг	[zezeag]
boeket (het)	курс	[kurs]
roos (de)	роза	[rɔza]
tulp (de)	алцlензlам	[altshenzəam]
anjer (de)	гвоздика	[gvɔzdika]
gladiool (de)	гладиолус	[gladiɔlus]
korenbloem (de)	сендарг	[sendarg]
klokje (het)	тухтати	[tuhtati]
paardenbloem (de)	баппа	[bap:a]
kamille (de)	кlайдарг	[k:ajdarg]
aloë (de)	алоэ	[alɔɛ]
cactus (de)	кактус	[kaktus]
ficus (de)	фикус	[fikus]
lelie (de)	лили	[lili]
geranium (de)	герань	[geraɲ]
hyacint (de)	гиацинт	[giatsint]
mimosa (de)	мимоза	[mimɔza]
narcis (de)	нарцисс	[nartsis:]
Oostindische kers (de)	настурция	[nasturtsi]
orchidee (de)	орхидей	[ɔrhidej]
pioenroos (de)	цlен лерг	[tshen lerg]
viooltje (het)	тобалкх	[tɔbalq]
driekleurig viooltje (het)	анютийн бlаьргаш	[anyti:n bæærgaʃ]
vergeet-mij-nietje (het)	незабудка	[nezabudka]
madeliefje (het)	маргаритка	[margaritka]
papaver (de)	петlамат	[pethamat]
hennep (de)	кlомал	[k:ɔmal]
munt (de)	lажdarбуц	[eaʒdarbuts]
lelietje-van-dalen (het)	чlерlардиган кlа	[ʧheɣardigan k:a]
sneeuwklokje (het)	лайн зезаг	[lajn zezag]
brandnetel (de)	нитташ	[nit:aʃ]
veldzuring (de)	муьстарг	[mystarg]
waterlelie (de)	кувшинка	[ku:ʃiŋka]
varen (de)	чураш	[ʧuraʃ]
korstmos (het)	корсам	[kɔrsam]
oranjerie (de)	оранжерей	[ɔranʒerej]
gazon (het)	бешмайда	[beʃmajda]
bloemperk (het)	хас	[has]
plant (de)	орамат	[ɔramat]
gras (het)	буц	[buts]
grasspriet (de)	бецан хелиг	[betsan helig]

blad (het)	гIа	[ɣa]
bloemblad (het)	жаз	[ʒaz]
stengel (de)	гIодам	[ɣɔdam]
knol (de)	орамстом	[ɔramstɔm]

| scheut (de) | зIийдиг | [zəi:dig] |
| doorn (de) | кIохцал | [k:ɔhʦal] |

bloeien (ww)	заза даккха	[zaza dak:a]
verwelken (ww)	маргIалдола	[marɣaldɔla]
geur (de)	хьожа	[hɔʒa]
snijden (bijv. bloemen ~)	дIахадо	[dəahadɔ]
plukken (bloemen ~)	схьадаккха	[shadak:a]

98. Granen, graankorrels

graan (het)	буьртиг	[byrtig]
graangewassen (mv.)	буьртиган ораматаш	[byrtigan ɔramataʃ]
aar (de)	кан	[kan]

tarwe (de)	кIа	[k:a]
rogge (de)	божан	[bɔʒan]
haver (de)	сула	[sula]
gierst (de)	борц	[bɔrʦ]
gerst (de)	мукх	[muq]

maïs (de)	хьаьжкIа	[hæʒk:a]
rijst (de)	дуга	[duga]
boekweit (de)	цIен дуга	[ʦhen duga]

erwt (de)	кхоьш	[qøʃ]
boon (de)	кхоь	[qø]
soja (de)	кхоь	[qø]
linze (de)	хьоьзийн кхоьш	[høzi:n qøʃ]
bonen (mv.)	кхоьш	[qøʃ]

LANDEN VAN DE WERELD

99. Landen. Deel 1

Afghanistan (het)	Афганистан	[afganistan]
Albanië (het)	Албани	[albani]
Argentinië (het)	Аргентина	[argentina]
Armenië (het)	Армени	[armeni]
Australië (het)	Австрали	[avstrali]
Azerbeidzjan (het)	Азербайджан	[azerbajdʒan]

Bahama's (mv.)	Багамахойн гӀайренаш	[bagamahojn ɣajrenaʃ]
Bangladesh (het)	Бангладеш	[baŋladeʃ]
België (het)	Бельги	[beʎgi]
Bolivia (het)	Боливи	[boliwi]
Bosnië en Herzegovina (het)	Босни е Герцоговина е	[bosni e gertsogowina e]
Brazilië (het)	Бразили	[brazili]
Bulgarije (het)	Болгари	[bolgari]

Cambodja (het)	Камбоджа	[kambodʒa]
Canada (het)	Канада	[kanada]
Chili (het)	Чили	[tʃili]
China (het)	Китай	[kitaj]
Colombia (het)	Колумби	[kolumbi]
Cuba (het)	Куба	[kuba]
Cyprus (het)	Кипр	[kipr]

Denemarken (het)	Дани	[dani]
Dominicaanse Republiek (de)	Доминиканхойн республика	[dominikanhojn respublika]
Duitsland (het)	Германи	[germani]
Ecuador (het)	Эквадор	[ɛkvador]
Egypte (het)	Мисар	[misar]
Engeland (het)	Ингалс	[iŋals]

Estland (het)	Эстони	[ɛstoni]
Finland (het)	Финлянди	[finʎandi]
Frankrijk (het)	Франци	[frantsi]
Frans-Polynesië	Французийн Полинези	[frantsuzi:n polinezi]
Georgië (het)	Грузи	[gruzi]
Ghana (het)	Гана	[gana]

Griekenland (het)	Греци	[gretsi]
Groot-Brittannië (het)	Великобритани	[welikobritani]
Haïti (het)	Гаити	[gaiti]
Hongarije (het)	Венгри	[weŋri]
Ierland (het)	Ирланди	[irlandi]
IJsland (het)	Исланди	[islandi]
India (het)	Инди	[indi]
Indonesië (het)	Индонези	[indonezi]

Irak (het)	Ирак	[irak]
Iran (het)	Иран	[iran]
Israël (het)	Израиль	[izraiʎ]
Italië (het)	Итали	[itali]

100. Landen. Deel 2

Jamaica (het)	Ямайка	[jamajka]
Japan (het)	Япони	[japɔni]
Jordanië (het)	Иордани	[iɔrdani]
Kazakstan (het)	Казахстан	[kazahstan]
Kenia (het)	Кени	[keni]
Kirgizië (het)	Кыргызстан	[kɪrgɪzstan]
Koeweit (het)	Кувейт	[kuːejt]

Kroatië (het)	Хорвати	[horvati]
Laos (het)	Лаос	[laɔs]
Letland (het)	Латви	[latwi]
Libanon (het)	Ливан	[livan]
Libië (het)	Ливи	[liwi]
Liechtenstein (het)	Лихтенштейн	[lihtenʃtejn]
Litouwen (het)	Литва	[litva]

Luxemburg (het)	Люксембург	[lyksemburg]
Macedonië (het)	Македони	[makedɔni]
Madagaskar (het)	Мадагаскар	[madagaskar]
Maleisië (het)	Малази	[malazi]
Malta (het)	Мальта	[maʎta]
Marokko (het)	Марокко	[marɔkːɔ]
Mexico (het)	Мексика	[meksika]

Moldavië (het)	Молдова	[mɔldɔva]
Monaco (het)	Монако	[mɔnakɔ]
Mongolië (het)	Монголи	[mɔŋɔli]
Montenegro (het)	Черногори	[ʧernɔgɔri]
Myanmar (het)	Мьянма	[mjanma]
Namibië (het)	Намиби	[namibi]
Nederland (het)	Нидерланды	[niderlandɪ]

Nepal (het)	Непал	[nepal]
Nieuw-Zeeland (het)	Керла Зеланди	[kerla zelandi]
Noord-Korea (het)	Къилбаседера Корея	[qhilbasedera kɔreja]
Noorwegen (het)	Норвеги	[nɔrwegi]
Oekraïne (het)	Украина	[ukraina]
Oezbekistan (het)	Узбекистан	[uzbekistan]
Oostenrijk (het)	Австри	[avstri]

101. Landen. Deel 3

Pakistan (het)	Пакистан	[pakistan]
Palestijnse autonomie (de)	Палестина	[palestina]
Panama (het)	Панама	[panama]

Paraguay (het)	Парагвай	[paragvaj]
Peru (het)	Перу	[peru]
Polen (het)	Польша	[pɔʎʃa]
Portugal (het)	Португали	[pɔrtugali]
Roemenië (het)	Румыни	[rumıni]

Rusland (het)	Росси	[rɔs:i]
Saoedi-Arabië (het)	Саудовски Арави	[saudɔvski arawi]
Schotland (het)	Шотланди	[ʃɔtlandi]
Senegal (het)	Сенегал	[senegal]
Servië (het)	Серби	[serbi]
Slovenië (het)	Словени	[slɔweni]
Slowakije (het)	Словаки	[slɔvaki]
Spanje (het)	Испани	[ispani]

Suriname (het)	Суринам	[surinam]
Syrië (het)	Сири	[siri]
Tadzjikistan (het)	Таджикистан	[tadʒikistan]
Taiwan (het)	Тайвань	[tajvaɲ]
Tanzania (het)	Танзани	[tanzani]
Tasmanië (het)	Тасмани	[tasmani]
Thailand (het)	Таиланд	[tailand]

Tsjechië (het)	Чехи	[tʃehi]
Tunesië (het)	Тунис	[tunis]
Turkije (het)	Турци	[turtsi]
Turkmenistan (het)	Туркменистан	[turkmenistan]
Uruguay (het)	Уругвай	[urugvaj]
Vaticaanstad (de)	Ватикан	[vatikan]
Venezuela (het)	Венесуэла	[wenesuɛla]
Verenigde Arabische Emiraten	Цхьаьнакхеттачу Iаьрбийн Эмираташ	[tshænaqet:atʃu eærbi:n ɛmirataʃ]

Verenigde Staten van Amerika	Америкин Цхьаьнакхетта Штаташ	[amerikin tshænaqet:a ʃtataʃ]
Vietnam (het)	Вьетнам	[vjetnam]
Wit-Rusland (het)	Беларусь	[belarusʲ]
Zanzibar (het)	Занзибар	[zanzibar]
Zuid-Afrika (het)	ЮАР	[juar]
Zuid-Korea (het)	Къилбера Корея	[qhilbera kɔreja]
Zweden (het)	Швеци	[ʃwetsi]
Zwitserland (het)	Швейцари	[ʃwejtsari]

www.ingramcontent.com/pod-product-compliance
Lightning Source LLC
Chambersburg PA
CBHW070822050426
42452CB00011B/2147